PT, SAUDAÇÕES.

Noga Sklar

PT, SAUDAÇÕES.

1ª Edição
POD

KBR
Petrópolis
2015

Coordenação editorial **Noga Sklar**
Editoração **KBR**
Capa **KBR**

ISBN: 978-85-8180-415-6

KBR Editora Digital Ltda.
www.kbrdigital.com.br
www.facebook.com/kbrdigital
atendimento@kbrdigital.com.br
55|21|3942.4440

LCO010000 - Crônicas

Noga Sklar nasceu em Tibérias, Israel, em 1952. Cresceu em Belo Horizonte e viveu por 30 anos no Rio de Janeiro, cidade que deixou para se refugiar com seu marido Alan num paraíso entre as montanhas de Petrópolis, onde criou a KBR e tornou--se editora. Em outubro de 2014, Noga e Alan se mudaram para Greenville, na Carolina do Sul, Estados Unidos. Apesar das muitas mudanças e da crescente universalidade de seus temas, mantém-se uma escritora mineira com certeza. *PT, saudações.* é seu 13º livro publicado.

E-mail: noga@nogasklar.com

Para a pátria amada, Brasil.

Não leio livros escritos por pessoas que traíram sua pátria.
Vladimir Putin

Os homens amam seu próprio país não porque é grande,
mas porque é deles.
Sêneca

O amor por seu país é uma coisa maravilhosa. Mas por que
deveria esse amor parar numa fronteira?
Pablo Casals

Sumário

CARTA AOS LEITORES

Quem faz algum tempo acompanha a minha saga sabe que não faz sentido escrever uma "carta ao leitor", visto que o livro inteiro é um imenso bate-papo com vocês, desta forma convidados à minha intimidade e ao meu pensamento pela porta da frente.

Mas vou fazer uma exceção: este livro, pela intensidade dos acontecimentos que narra e também por ser aquele que marca a minha saída (definitiva?) do Brasil, será um pouco mais curto que os demais. E por dois motivos, mas, gente, se já nomeei os dois motivos! Para ênfase: (1) ninguém aguenta mais tanta brabeira; e (2) o próximo volume destas minhas volumosas memórias ("Crônicas cotidianas Livro 6", sendo este o "Livro 5") sairá em inglês e português, cobrindo meu primeiro ano em território americano.

Sendo assim, esse é também de certa forma um livro de despedida, embora a dedicação desta cronista deva continuar a mesma, ainda que de mais longe.

Um abraço procês!

O NOVO HERÓI AMERICANO
(SÓ UMA OLHADINHA)

Eu confiaria a minha vida ao belo rapaz ao meu lado, ao volante da decadente caminhonete, "dirigindo pela floresta" (gole de vodka).

Alan ficou dormindo em casa.

Alguém aí já "dirigiu pela floresta"? São estradas temporárias, estreitas, muitas vezes sutis, engolidas eventualmente pela "floresta temperada de chuva". Muitas aspas num mundo completamente estranho para mim.

Meu filho Erik, aparentemente (não perguntei, não estava preparada para discutir a resposta), coleciona armas, de não sei que calibre àquele outro calibre que não conheço tampouco. Está preparado para "*whatever*", "*whatever*" significando de um urso na mata a uma invasão da América pelos chineses.

Alan assim explica a quantidade de garrafas de água sob a pia da casa pré-fabricada (ataque, invasão), mas, peraí, descubro nesta madrugada que se trata apenas de uma provisão para o caso de a água nos canos congelar no frio da madrugada.

Grande garoto (gole de vodka). Grande soldado. Grande amante (apenas imagino).

É a primeira vez, acreditem, que interajo com ele de verdade. Tem 25 anos de idade. Quando o conheci, há 5 anos, agimos como estranhos, mas agora, por alguma razão, somos mãe e filho, sou sua "madre" — meio mexicana, talvez (gole de vodka) —, cozinho para ele, nos aventuramos juntos pela floresta, recebo um beijo no rosto quanto ele sai de manhã para trabalhar. Uau.

De uma hora pra outra amo de paixão meu filho americano, exatamente como se tivesse saído de dentro do meu ventre (exagero, licença poética). E no momento seguinte me preocupo com ele: por que compraria no posto de gasolina uma garrafa de água (parece água, embora a embalagem plástica faça parecer-se a um líquido azul, talvez uma espécie benigna de absinto, "Neuro" qualquer coisa) que promete diminuir o estresse e aumentar a acuidade mental?

Enfim, ele me oferece a bebida, que é publicamente liberada (América estranha), mas eu hesito, me limito à vodka bem conhecida (gelo picado, casquinha de limão, falar nisso, não sei lidar com essa geladeira que pica gelo, faço da cozinha um caos e Daisy, a cadela, lambe tudo com gosto, certo, mundo estranho para mim, outro gole de vodka).

Meu filho é motivo de orgulho para mim, uma espécie evoluída de pessoa que eu até hoje desconhecia ("nunca vi nada parecido na minha vida", Alan comenta, falando de outra coisa, mas muito a propósito), muito focado, homem de negócios, criando sua primeira empresa, nem vou contar o que é por enquanto, vamos combinar, não sei nesta casa o que é segredo de estado ou não, nem é sua primeira empreitada na verdade, tendo a anterior caído no esquecimento por incompetência do servidor brasileiro que lhe ofereci e paguei eu mesma por inúteis oito ou nove meses, até descobrir que embora continuassem me cobrando mensalmente o domínio havia caído faz tempo. Ah. Brasileiros (é, ainda me lembro).

Era uma empresa (a do meu filho, não o servidor) que se propunha a comercializar madeira e a criar cavalos na incrível propriedade de floresta que ele adquiriu há uns 3 anos, e agora está empenhado em vender. Fiz o vídeo, desenhei o website. Tudo passado. O tempo passa.

— Não acha melhor esperar um pouco? — arrisco.

Alan me alertou para eu não me meter com ele, melhor — ou pior, sei lá —, na vida dele, mas fico sabendo por ele mesmo que a região está passando por um período de expansão.

Erik responde que no momento a hipoteca é um peso para ele, quer se ver livre da despesa, livre do sonho que sonhou faz pouco (da propriedade, da caça para sobreviver, da floresta, da liberdade), viver a vida depois de dez anos de trabalho intenso.

Eu entendo (mais um gole de vodka). E como.

— Toma mais um gole de vodka, pai — diz o nosso filho, para o Alan parar de chatear, hahaha.

Gente. Devo confessar. É tudo que tenho procurado, alguém para me ajudar a fazer o Alan se calar. A conversa que se segue entre pai e filho não dá pra compartilhar, mas adianto que inclui balas, calibres, surpresas ao atirar. Fui.

Prefiro sonhar. A propriedade que ambicionamos, Alan e eu, tem um amplo horizonte a nos convidar, uma casa linda que lá pretendemos plantar, e neste exato momento perco a paciência de estar corrompendo sem remédio as minhas tão ambicionadas férias, e tchau procês.

Veremos o que há de rolar, isto é, se os chineses custarem a atacar. Bom domingo!

BIOGRAFIA OU AUTOBIOGRAFIA?

Nem sei direito o que me trouxe até aqui e à sensação de presa das circunstâncias e da falta de organização, ah, sim, deve ter sido a lista de mais vendidos do *New York Times*, a eterna busca de uma justificativa para o gênero de literatura que pratico com regularidade e devoção, mesmo estando de férias, uma espécie de explicação para o fato de não ter até hoje recebido os lauréis que julgava merecidos, coisas desse tipo. Daí à compra instantânea pelo Kindle foi um pulo, somado à fria neve acumulada lá fora (babem) e ao frio da gripe enregelando os pulmões cá dentro, *et voilà*, três dias mergulhada na leitura, vivendo *la vida loca* de Lucy Grealy, sobrevivente de câncer, ah, nunca ouviram falar?

Eu tampouco tinha ouvido, até agora há pouco. Talvez tenha sido, por outro lado, o título do livro de "crônicas" — aspas por conta do fato de crônica ser na verdade um gênero brasileiro, mas que descubro praticado onde quer que haja uma humanidade apta a praticá-lo — de Ann Patchett, detentora de vários prêmios e troféus, autora de quatro romances e incensada colunista de revistas como *Atlantic Monthly*, *Vogue* e *Gourmet*: *Esta é a história de um casamento feliz*, uma possibilidade que vem me intrigando há tempos (casamento feliz).

Fui progredindo no livro sozinha no quarto, entre espirros e uma tosse convulsiva — os "rapazes" na sala aos gritos e gargalhadas, jogando xadrez (*Regicide!*) ou vendo televisão, também levados ao doce ócio pela tempestade de neve, por estas bandas uma ocorrência rara —, até esbarrar na já mencionada história de Lucy Grealy, melhor amiga da autora por quase 20 anos de intensa amizade, um pouco ressentida, é verdade, mas ainda sim de uma dedicação também bastante rara.

Lucy, como já disse, tinha tido um raro tipo de câncer aos oito ou nove anos de idade, tendo virado estatística ao incluir-se nos 5% de possíveis sobreviventes, bem, se é que se pode chamar de sobrevida o que se seguiu: o queixo consumido e o corpo todo afetado por doses altíssimas de radiação e quimioterapia. Até aí, (nem) tudo bem. Lucy desenvolveu o que eu qualificaria como uma obsessão por cirurgias plásticas reconstrutivas, descrevendo em detalhes técnicas tão retrógradas que nos remeteriam, se sinceros fôssemos, às trepanações sem anestesia do Antigo Egito. Teve cortadas partes do músculo do estômago, vários pedaços de osso dos quadris, e, no final, até a fíbula — afetando suas pernas que julgava lindas, em contraste com a feiura deformada do rosto e pescoço — tudo enfiado no espaço oco deixado como herança pela voracidade do câncer e ali mesmo reabsorvido depois de um prazo curto demais para aceitar.

Lucy desenvolveu ainda uma outra obsessão, por ser amada, não pelos incontáveis amigos —afinal, era muito popular e atraía a adoração geral devido à sua personalidade magnética e conturbada, carente e exigente —, mas por um homem, mesmo (e nisso não foi nem um pouco original). Ambas as obsessões combinadas a conduziram ao cadafalso esperado e ao fim cruel e nefasto, não sem antes devastar um bocado de almas dedicadas pelo caminho, Ann Patchett entre elas.

Entre uma internação e outra, um implante e outro — o que a derrotou finalmente foi o desespero de ter perdido os dentes de baixo ainda em criança devido à radioterapia, para nunca mais conseguir recuperá-los, o que a fez passar a vida toda com sérios problemas para ingerir alimentos, beijar na boca e cerrar os lábios, além de alterações na fala —, frequentou workshops literários, residências artísticas (com esse aspecto de sua vida confesso que me deleitei) e graduações acadêmicas típicas da vida literária americana. Acabou se tornando uma celebridade com tudo a que uma celebridade tem direito, e tudo isso, pasmem, com apenas um livro autobiográfico, *Autobiografia de um rosto*. Ah. E a bravura de uma sobrevivente de câncer, claro.

O livro foi um fenômeno de vendas na década de 1990, mas Lucy negou por toda a vida o interesse em confessar aos leitores seu perene sofrimento. Queria que sua obra fosse conhecida não pelo tema abordado, mas pela excelência literária. Então tá (já deu pra ver que não gostei nem um pouco). O texto é repetitivo, eivado de autocomiseração (justificada, tudo bem, mas tudo que é demais...) e com um final apressado, dando a clara impressão de que só termina porque a autora enjoou de escrevê-lo, impressão mais tarde corroborada por Ann Patchett.

Ih, se perderam nessa teia intrincada? Vou explicar. Li no livro de Ann, aquele primeiro com o título sobre casamento, uma crônica sobre Lucy, seu livro e a amizade entre as duas, e até aí só estou me repetindo. Atraída pela história, comprei na Amazon o livro da própria Lucy e o li, e em seguida comprei e li também o livro de Ann sobre Lucy, sua vida e o sucesso de seu livro, deu pra entender agora?

O que mais me chamou a atenção no livro de Lucy não foi sua saga de sofrimento e terríveis tratamentos, mas sim, pasmem, o fato de que sua amizade com Ann não é sequer mencionada. O que torna o livro chato, desinteressante e quase insuportável é justamente o fato de se limitar ao encolhido umbigo da própria autora, e agora vocês poderiam perguntar: não é esta a natureza dos textos puramente confessionais?

Não. Não é. O valor de uma literatura confessional, a meu ver — e olhem que disso eu entendo um pouco —, repousa pura e simplesmente na possibilidade de se tornar universal, humana. A dor de Grealy não é assim; talvez seja sobre-humana, e talvez por isso mesmo a tenha feito "pairar" sobre a medíocre humanidade nossa de todos os dias, sei lá. O fato é que a química não ocorre, ficam aquela camadas de pensamento separadas que nem água e azeite, sabem como é.

Já o livro de Ann (desta vez *Truth & Beauty*, sobre Lucy

Grealy) é o completo oposto, o lado avesso do de Lucy, o que se torna bastante intrigante: uma declaração de amor constante a uma amiga íntima (mas com aquele toque de mágoa que já mencionei antes, algo até bastante comum em histórias de amor como todos sabemos), circundada por inúmeros fatos complementares interessantes, pela qual me deixei envolver desde o primeiro instante, embora a família Grealy tenha se queixado dele em público, por "manchar" a memória de Lucy e atrapalhar seu luto.

Nele, Lucy é retratada como realmente é, ou foi, uma indigesta mistura de vítima e algoz de seus muitos e dedicados amigos, um amálgama de sensibilidade, preguiça e maluquice que, embora possa ser atraente, depois de um tempo cansa, simplesmente. Tem muita gente assim no mundo, com um talento especial para se atracar na generosidade alheia usando a arte ou doença como desculpa, é ou não é?

Desculpem aí. Mas ter sobrevivido a um câncer não faz de ninguém um talento literário (acho que já escrevi uma frase semelhante sobre sobrevivência e literatura). Lucy teve oportunidades a que poucos de nós, privilegiados, tiveram acesso, sempre respaldada por sua história trágica, é o que eu acho. Teve tudo e perdeu tudo por descaso, ou talvez por doença mental muitas vezes ocultada pela pungência de seu sofrimento físico. Já deu.

Uma última curiosidade sobre Ann Patchett é que, embora more no Tennessee, no que se refere a *Truth & Beauty* teve um bom envolvimento com a Carolina do Sul e a cidade de Greenville, onde Alan e eu estivemos semana passada e para onde temos planos por enquanto meio enrolados de nos mudar num futuro próximo, para estarmos mais próximos de "nossos" filhos e das famílias que venham a constituir. Seria um sinal? Tendo sido escolhido como leitura obrigatória numa faculdade, o livro de Ann sobre Lucy tornou-se um bode expiatório do conservadorismo local, tendo sido trucidado, estripado e condenado como "pornográfico, homossexual e imoral", contendo cenas de "sexo explícito e masturbação", um "péssimo exemplo para a jovem geração", nossa, é nesse poste que pretendo amarrar o meu burro? Vou acabar esquartejada também.

Truth & Beauty, na verdade, tem muito pouco dessas coisas condenáveis, entre elas uma cena em que Lucy relata ter atingido o orgasmo 17 vezes numa só noite, apenas se masturbando na frente de um estranho, só pra provar que isso é possível para uma mulher, algo que Masters & Johnson já haviam provado muito antes, e como tese científica. Não restam dúvidas de que essa lamentável moral sulista deve se fundamentar no criacionismo e outras patéticas limitações. Problema lá deles.

Bem, concluindo, não sei se dá pra transformar esta crônica num argumento infalível e depreciativo em detrimento da autobiografia, afinal de contas, cada qual com seu cada um, não é mesmo? Ah. Lucy Grealy, embora tenha recebido polpudos adiantamentos, nunca mais conseguiu escrever outro livro na vida. Morreu aos 39 anos de "overdose acidental de heroína". Seu livro *Autobiography of a Face*, publicado em 1994, tornou-se um clássico da literatura americana.

Um bom domingo procês.

Tudo é relativo

Alguém aí acredita na comida orgânica do supermercado?

Eu não. Mas posso garantir que há menos de uma semana me deleitei com o primeiro peru orgânico verdadeiro da minha vida, sem trocadilho: foi caçado em frente à porta de casa, temperado e cozinhado (ui) por meu filho Erik, numa especial deferência à nossa presença em sua *cabin* pré-fabricada no meio da floresta da Carolina do Sul, de onde, ele me conta orgulhoso, os confederados mandaram os sanguinários ingleses tomadores de chá para a puta que os pariu. Estava a ave, segundo ele mesmo revelou, congelada há uns quatro meses aguardando a correta ocasião, e fomos nós os contemplados, não é uma delícia?

O peru, preparado com variadas especiarias num estranhíssimo baú a gás com raios infravermelhos, estava impagável (*priceless*). Inenarrável. O peito foi inteiramente degustado na mesma noite pelos Sklars, "três judeus em torno de uma mesa", Erik lembrou, e fez a *brachá*. Gostei (a mãe verdadeira dele é gentia).

No dia anterior ao meio-dia, sentado na cozinha todo camuflado, o rosto pintado como o de um selvagem em verde e preto, de volta da caçada aos patos também selvagens que vivem nos lagos daquelas bandas (quando não estão congelados, devido ao atual "esfriamento global"), bebendo rum barato num copo de água com o nosso filho como dois marinheiros de verdade, Jim, um amigo do Erik, tinha nos alertado para o fato de que as coxas desses perus da floresta são duras demais para serem comidas. Mas desafiando o bom senso dos que fazem da caça diária uma atividade comum que lhes garante a sobrevivência, fiz da carne restante um bom risoto para a faminta família, teimosa, eu.

Deu certo. "Com amor tudo dá certo".

Fala sério. Não estou querendo mais nada na vida neste momento a não ser ser mãe, sogra e avó, nem estou me reconhecendo. Frente ao incomparável conteúdo emocional de tudo isso para uma mulher de 62 anos dedicados ao trabalho, e a seu próprio perpétuo autoaprimoramento, francamente, até a estadia de três semanas em Paris empalidece.

Mas tudo é relativo. Certo. Não fosse o frio cortante, há três dias a chuva constante e o céu sempre cinza entrevisto de debaixo do guarda-chuva de três euros, mais a fraca temporada de concertos e exposições, *et voilà*, tudo poderia ser radicalmente diferente.

Não há nada para fazer em Paris e estou entediada, ó, absurdo, heresia, ingratidão pela fortuna que me cabe de poder estar aqui neste apartamento em frente à Notre-Dame, templo máximo da espiritualidade onde não sei quantas gerações de crenças inúteis nos contemplam, ops, desculpem (citei com orgulho o judaísmo, mas nosso judaísmo não é crença, é cultura, pelo menos para mim). Além do mais, como ouvi há pouco num debate na CNN sobre mudança de sexo (é, resta *la télé*, e entre os trocentos canais em francês, filmes dublados, poucos em inglês, como a CNN e o absurdo canal sci-fi), não é por ser um fato que a coisa se torna verdade, não é mesmo?

Muito existencialista *s'ennuyer à Paris*, fazer o quê, sempre vestindo preto como Juliette Gréco, embora no meu caso apenas para disfarçar os excessos da idade e a falta de roupa adequada a tanto frio. Mas no *micrô* do bistrô falta a pungência do *chansonnier* tradicional, e a ambiência fica mesmo por conta do rock'n'roll, felizmente Beatles e Creedence Clearwater para a gente não estranhar demais da conta. A comida é boa. O vinho bom e barato.

Mesmo assim, *come on*, sorria, estamos em Paris, e Chopin ao piano estava muito bom. Já o canto gregoriano na Notre-Dame só pareceu bonito a quem viu meu vídeo no YouTube, porque, cá entre nós, o filme só dura um minuto e quarenta e quatro segundos: por longos 85 na nave gelada foi quase uma tortura. A atração pelo cinema já não é mais tão forte como antigamente, vocês se lembram, quando a ditadura tudo proibia, afinal de contas, os candidatos a Oscar vi todos durante o voo e o cobiçado "Before Midnight" (que se passa na Grécia, não mais em Paris como o anterior da trilogia) comprei na Amazon, posso assistir quantas vezes quiser. Talvez eu assista ao último dos irmãos Cohen, "Inside Llewyn Davis", com o apreciado Justin Timberlake (como já confessei entre uma vergonha e outra), no Studio Galande atravessando a nossa rua, mesmo assim só depois de confirmar que é versão original, é, aqui tem esse perigo.

Tá bem, botem na conta do meu mau humor, talvez devido ao cheiro de pintura fresca que me atacou quando entramos no apartamento logo na chegada e que perdura até hoje, cinco dias depois, conseguindo do lado do empostado senhorio francês apenas um despeitado gesto de descaso, como se nem fosse com ele (processo nele), talvez devido ao fato de que o único espetáculo que verdadeiramente me interessa, a versão de Robert Wilson para "Madame Butterfly" na Opera Bastille, aonde nunca estive, esteja lotado desde que comecei a planejar esta viagem, ok, falhei.

Next stop, Nova York, juro (para matar minha fome de cultura). Mas só no ano que vem, é claro, depois de ralar um bocado para pagar os euros acumulados. Ou quem sabe eu já nem goste tanto dos incômodos colaterais do turismo, aviões, deslocamentos, das escadas estreitas, da cozinha apertada deste velho apartamento, tô velha, sei lá. Ou interessada talvez num tipo diferente de experiência, como escrever sozinha no meu canto na Carolina com vista para os Apalaches, por exemplo. Uau. Ainda tenho um futuro.

Segundo o Alan, estamos "descomprimindo", depois de dois anos chafurdando no pântano do workaholismo, ele lá eu cá. Estamos verdadeiramente juntos depois de um longo hiato, portanto, darei tempo ao tempo. Ao vício. Ainda temos 14 dias. Por outro lado, preciso ser justa, adorei passar na Shakespeare and Company no caminho de casa e comprar um livro no sebo por apenas um euro, impresso, é isso mesmo. Como eu disse, tudo é relativo.

Uma última coisa que tem me deixado pasma é que dos dois espetáculos mais desejados um seja, como já disse, do velho e bom Robert Wilson (americano), que, pelo visto, é o atual *mettéur en scène* favorito da Ópera de Paris, e o outro apenas um pastiche de Pina Bausch (alemã e já falecida, nunca substituída infelizmente; a companhia ainda existe, mas só virá a Paris em maio). Entre as exposições no ar, me atraiu apenas a de esculturas etruscas no Museu Maillol, para a qual aguardo o próximo dia de sol favorecendo a boa caminhada.

Conclusão: não mudou a arte nem mudei eu, aparentemente, pois meus ídolos de antigamente continuam reinando hoje. Pobreza. Fui.

À bientôt, bon dimanche!

XXX-POCALIPSE

O principal objetivo destas longas férias, como todos sabem, era comemorar os 70 anos do Alan, e *comme il faut*, em Paris. Então temos um acordo tácito, para mim difícil de manter, de fazer só o que lhe dá prazer. O que muitas vezes pode ser simplesmente dormir boa parte do dia e despertar de frente para a Notre-Dame nas horas mais disparatadas, coisa que, como sou muito egoísta, hahaha, me causa um conflito interno terrível contra o qual luto quase todo dia, e explico por quê. Segundo o Alan, não estamos apenas "visitando Paris", mas sim "morando em Paris", o que inclui a água-furtada em Saint-Michel e as cotidianas visitas ao supermercado — onde, com seu charme inigualável, ele já conquistou uma das caixas —, o bom vinho comprado barato e a obrigatória baguete levada para casa embrulhada debaixo do braço.

Mamãe, de saudosa memória, era não só agente de turismo, mas também ansiosa de carteirinha, é, ansiedade também se herda, vocês sabiam? O resultado é que, não sendo de jeito nenhum inexperiente em viagens, tenho um condicionamento interno que me impede de me aquietar, usufruir de um lugar, sendo constantemente impelida por mim mesma a sair na rua e aproveitar "sem parar".

Mas o objetivo secundário desta viagem, obviamente o

principal para mim, foi refletir sobre a vida, o que desejo dela neste momento, o que me dá mais prazer e de que jeito obtê-lo. E destas coisas ressaltei o tesão de escrever e ler, tanto que nem dei chance às propagadas férias de cronista.

Tem coisa melhor do que um apartamento de frente, com a vista *mutatis mutandi* da catedral parisiense? Mamãe acharia um tédio, francamente. Mas se não fosse filha dela eu poderia escrever um livro inteiro sobre isso, um bom resultado de um necessário distanciamento, uma rotina longe da rotina resultando numa experiência prazerosa e produtiva, embora nem sempre a esperada de um "turista", vocês se lembram: "Se é terça-feira, aqui deve ser a Bélgica".

O caso é que enquanto parte da minha ocupada mente se dedica a sonhar, outra não pode escapar ao vício de pesquisar, navegar, especular, e, nossa mãe, como se tem especulado nestes dias enquanto relaxamos em Paris. O mundo parece estar prestes a desabar a qualquer momento, então, para que planejar um futuro, uma mudança?

No Brasil faz um calor de rachar, nos EUA, justamente onde pretendo morar, ocorre "uma rara combinação de gelo e neve" que ameaça parar a nação. E para mesmo, ninguém sai de casa para nada, escolas e escritórios permanecem fechados por dias a fio. Meu filho está ilhado em casa sem energia, comida e aquecimento, um "flagelado de primeiro mundo", coitado, e não arreda pé de casa para defender o cachorro e a propriedade dos arruaceiros. Falar nisso, ele avisa que já consumiu quase toda a água de emergência a que me referi na outra crônica.

Além do mais, há ressaltado pela imprensa um clima inclemente de apocalipse iminente — nos EUA, terra dos *slogans* principalmente, está sendo ativamente implantada nas mentes a ideia do "*snowpocalypse*", eu, hein. É só uma forte nevasca, gente.

Não, não estou criticando a imprensa como poderia parecer a quem lesse apressadamente, nem sou a favor de pequenos assassinatos convenientes, como tantos têm apontado, mas vamos combinar que o ar encalorado somado ao calor das opiniões atinge o mesmo resultado, um medo desesperado de desmoronamento das instituições, sejam elas políticas, sociais ou simplesmente urbanas — como a certeza do fornecimento de energia e de ruas transitáveis, sem acúmulo de neve, protestos ou outros graves problemas.

Devo confessar que na minha existência real, neste momento em Paris, o clima está para lá de razoável — faz um frio esperado, chove pouco e há predominância de céu ensolarado, algo até raro por aqui nesta época do ano. Há manifestações pacíficas nas ruas, uma delas pelo menos com um tema bastante contundente, a volta ao poder do ex-presidente do Egito, aquele, da Irmandade Muçulmana — que de moderada não tem nada, cá entre nós —, mas, entendam: os que protestam são egípcios que *moram* em Paris, onde até subtítulos em árabe são comuns de se encontrar nos cinemas da cidade, para nem mencionar as estações de televisão a eles dedicadas. Tudo, é claro, com o Boulevard Saint-Germain logo ali do lado, os museus, as universidades iluminadas. Felizardos, a um mundo de distância do Cairo. No outro dia, um bando reduzido, debaixo de guarda--chuvas lindíssimos (não, não estava chovendo), apregoava que Gaza é um "campo de concentração", um conceito absurdo para mim, mas, tudo bem, estamos em Paris, é apenas uma pequena manifestação, meio desagradável para os judeus como o cocô de cachorro nas ruas, é, Paris agora tem essa novidade.

É mais ou menos, guardadas as proporções, como se os brasileiros de Paris exigissem a renúncia de Dilma por conta do escândalo do superfaturamento em Cuba, entenderam? A distância tanto pode diminuir como aumentar a gravidade das impressões.

Pouco ou nada sei por enquanto das tempestades de neve na Carolina, se são tão raras como dizem, ou não, mas do calorão de verão no Rio falo de cadeira, tenho pelo menos uns 40 anos de prática, e também das práticas abusivas de nossos governos, de triste e recente memória as deste que aí está e que o povo que vota insiste em perpetuar.

Creio que as atuais adversidades do clima se encaixam naquela categoria que o intrínseco desespero humano se encarrega de camuflar e os "senhores do mundo" de cuidadosamente explorar, tá bem, não creio nas absurdas teorias de conspiração, nada disso. Mas tenho a impressão otimista de que isso também passará, e o mundo não deverá acabar.

Creio que uma boa providência seria a gente não se deixar contaminar pelas ultrapropagadas urgências que as redes sociais de hoje em dia se encarregam de aumentar. À margem dos que matam, dos que agridem, dos que morrem de frio ou de calor, dos que ficam presos no trânsito ou no elevador, das vítimas da violência, da incompetência, da incongruência, dos abusos de todas as procedências, há uma maioria silenciosa cada vez mais esquecida e deixada pra lá que se dedica a tocar a vida, e é a ela que deveríamos nos apegar, desculpem, é o que sinto. Claro, talvez porque esteja no auge do elitismo e da boa vida, de férias com o Alan em Paris.

De toda maneira, fica o meu manifesto pra quem quiser refletir. Decretar para sempre o fim desse clima de crescente insanidade seria um tremendo favor para a nossa humanidade, francamente. Mais arte. Mais cultura. Menos desastre. É o que pretendo continuar perseguindo nesta vida, se uma força bem maior não me impedir.

E um bom domingo procês. Domingo que vem já estarei aí, agora, se estarei mesmo "em casa", já não sei.

SÓ OS AMANTES RESTARÃO VIVOS

Em nosso último dia de Paris me deparo com o pedido de apoio do carioca Grupo Estação, ameaçado de fechar por má administração. Tudo bem. O Grupo merece ajuda governamental, principalmente em termos de uma era em que a grande tela está em declínio cultural, algo que tende a piorar com os novos *gadgets*, sites e mil e uma maneiras de se assistir a um filme que inevitavelmente chegarão ao Brasil em breve, quando forem levantadas as objeções à globalização do direito autoral — como, por exemplo, a loja de vídeos da Amazon, que já oferece, entre outros novíssimos (fui avisada por email), o atualíssimo "Clube de Compras Dallas", que ainda nem estreou por aí.

Eu também tenho minha história passada no Estação (é o que eles estão pedindo para a gente divulgar no Facebook). Sim. Fui cinéfila de carteirinha, e essa atividade passava obrigatoriamente, claro, pelos cineminhas de Botafogo, dos dois lados da Voluntários da Pátria, será que o nome da rua significa alguma coisa?

Falar nisso, vendo um filme ontem à noite descobri que uma frase que eu atribuía a Joyce (é até nome de um capítulo do *Santa Molly*) é na verdade de Shakespeare, digo, é Joyce citando Shakespeare: "*What is in a name?*" ("Romeu e Julieta"). Definitivamente, a psique moderna passa pelo cinema (e me permito extrapolar... pela literatura, *wishful thinking*, tá bom).

Voltando ao Estação. Lembro-me de certo dia em mil novecentos e oitenta e poucos em que fui ao cinema e havia uma fila enorme — as filas faziam parte do folclore do conjunto de salas, eram igualmente "*cult*". O filme, também inesquecível para mim, era o francês "Escalier C", um drama empolgante sobre um prédio decadente em Paris, que, pensando bem, deve ter servido de inspiração para o posterior do (absurdamente) falecido Eduardo Coutinho, passado no Barata Ribeiro 200.

Pois bem, eu era meio cara-de-pau naquela época, digo, eu já era cara-de-pau naquela época, considerando que até hoje o que me leva pra frente nos meus loucos empreendimentos é justamente o fato de ser cara-de-pau. E tinha o péssimo, ou sob outro ponto de vista o excelente mau hábito de furar a fila, hahaha.

Cheguei ao cinema para o "Escalier C" com uma turma enorme — é, eu não era tão avessa a gente ao vivo naquela época, e andava com uma turma enorme a tiracolo, um terror —, e ao me deparar com a fila, fazendo cara de inocente (e me fingindo de solitária) fui logo procurando um conhecido para tirar uma casquinha. E encontrei, um sujeito que na verdade eu não conhecia, mas que já vinha observando nas noitadas de bar no mesmo *cult* bairro de Botafogo. Engatamos uma conversa, ele comprou nossos ingressos, combinamos de nos encontrar na saída. Ao longo do filme fui me identificando com a história, com o sujeito da fila e eu, juntos, dentro da história, vocês sabem como funciona a imaginação humana, principalmente em se tratando de história de amor. O filme para mim se tornou um sinal.

Pois o encontro na fila do Estação resultou num relacionamento de dez anos entre Cláudio e eu, podem acreditar, um relacionamento que extrapolou o pessoal e ao qual a cultura carioca (ouso mais, brasileira) tem muito a dever, podem perguntar. Dos bastidores do Estação nasceu o Sub-Clube, depois o Graal, dezenas de casos pro jornal (Cláudio e eu éramos figurinhas carimbadas na mídia local), uma vida de transformações pessoais e realizações profissionais. Inesquecível.

Estando em Paris, umas das coisas que mais curti foi ir

ao cinema, coisa que não fazia desde que me mudei para o mato em 2008, tendo me limitado ao *pay-per-view* — acreditem, "limitado" é a palavra certa! E um dos cineminhas *cult* da cidade, uma espécie de equivalente do Estação, numa corajosa reação à febre dos grandes conglomerados (aqui em Paris o Grupo UGC), imaginem, fica bem na nossa rua, a uns dez passos do nosso apartamento, o Studio Galande. E foi lá que assisti faz pouco ao excelente "Inside Llewyn Davis", dos irmãos Cohen, ops, Coen.

No Rio eu não sei, mas aqui em Paris posso afirmar que o amor ao cinema — por "cinema" entenda-se vencer a inércia, vestir uma roupa, sair de casa mesmo no frio, pagar um ingresso caro, entre 9 e 11 euros, e... enfrentar uma boa fila, *comme il faut* — continua firme, e junto com ele o quase esquecido cineclubismo, com descontos progressivos para os frequentadores das salas, taí uma ideia para o Estação.

Isso não impede, infelizmente, que a maioria dos filmes em exibição esteja bem longe da categoria "arte", desculpem, ao cabo e ao rabo acabo saudosista. Assisti a dois bons filmes em Paris, mas foi um choque descobrir que Jim Jarmush, um dos diretores mais *cult* daqueles bons tempos, e a incrivelmente interessante e camaleônica Tilda Swinton vêm aí nas estreias de março com um filme sobre vampiros, "Só os amantes restarão vivos", será outro sinal? Pois é, o tempo passou, o amante mudou. Mas o amor continua o mesmo.

Então tá bom. Amo o cinema mesmo assim, embora por anos tenha quase me esquecido disso, ah, e o visual dos vampiros de Jarmush beira o indescritível, devo confessar, algo que só se pode admirar no escurinho do cinema, com a atenção concentrada numa grande tela. Deverá valer uma ida ao Estação.

Próxima parada: Brasil. Té.

ALDEIA GLOBAL

Home is where your food is.

— **D**ona Noga, a senhora tá sumida! — diz ao telefone a gerente do supermercado, conferindo a lista pedida pela internet para suprir com urgência a geladeira vazia, um serviço que (que eu saiba) só existe no Brasil.

— É, Jocasta, eu estava viajando. Mas agora volta tudo ao normal.

Estou voltando de férias em Paris, e sou festejada nas mais prosaicas instâncias, como essa do supermercado online cuja gerente conheço por telefone, sem nunca tê-la visto ao vivo: é o gostinho de voltar para casa, sabem como é. Do setor de bagagens no Galeão ligo do celular (ou deveria dizer "ligo o celular", depois de três semanas sem falar com ninguém) para o Alex, o jardineiro/ motorista que veio nos buscar com o velho VW 1000:

— Chegamos! Saímos já!

Embora tenha me parecido uma decrépita rodoviária movimentada na hora do embarque, no desembarque às 10 da manhã, fora do horário do "*rush*", a chegada ao Rio é surpreendentemente calma e civilizada. O aeroporto parece limpo, bem

tratado, os funcionários da imigração de terno, muito educados.
O agente alfandegário responde com um gesto bem-humorado
ao Alan falando em inglês, para escapar com rapidez:

— *Nothing to declare!*

É, gente. Como eu já disse, tudo é relativo. Antes de em-
barcar para Paris, nos Estados Unidos, ficamos bem impressio-
nados com a elegância dos passageiros em Charlotte, na Carolina do Norte, passando pra lá e pra cá em frente às enfileiradas
cadeiras de madeira do Cracker Barrel (Old Country Store)
pintadas de branco, onde os que esperam relaxam e se balan-
çam, propaganda sutil e eficaz. Mas na hora do embarque para
o Brasil o aeroporto de Charlotte parece... uma rodoviária de
segunda, com gente saindo pelo ladrão, sentada no chão e comendo pelos cantos, produzindo lixo. Exaustos do voo diurno
vindo de Paris e nos preparando para outro tanto em direção ao
Galeão, nos refugiamos no confortável *lounge* da US Airways
ao qual temos inesperado acesso gratuito com nosso dourado
cartão de milhas AAdvantage — e uma boa dose de papo com
o *concierge*, é claro.

Não sei se vocês sabem, mas embora não seja a explicação para a confusão reinante, o sofisticado aeroporto de Charlotte é o novo "*hub*" dos brasileiros remediados que vão a Or-
lando para a Disney, e devido à intensificação do movimento
vai pouco a pouco se deteriorando numa neo-Miami — até há
pouco um dos piores aeroportos do mundo —, e é no que se
tornará, se o pessoal de lá não se cuidar.

Há pouco mais de dois meses eu nunca tinha ouvido
falar dessa tal Charlotte, NC, que ameaça em breve se tornar
meu aeroporto de referência. Mas quando procurava pelo Google Maps o melhor lugar para a gente morar, Alan descolou por
instinto (ou extensa pesquisa, sei lá) uma das progressivas cidades dos Estados Unidos fora do insuportável eixo Nova York/
Los Angeles — insuportável pra gente, claro, que adora morar
no mato: Greenville, na Carolina do Sul (um nome que por si já
inspira especial atenção), a uma hora de carro de Charlotte... e,
bem, a uma hora e meia de voo de Nova York (mas não contem
pra ele, por favor).

Meu marido Alan tem lá suas incômodas particularidades, uma delas sendo, segundo muitos, o conhecido "complexo de superioridade dos americanos". Mas, vamos combinar, é um gênio para certas coisas, tem um talento inacreditável para descolar coisas pela internet, entre elas, claro, o belo apartamento em Paris em frente à Notre-Dame no qual nos hospedamos pela segunda vez.

Pois assim foi que, seguindo essa intuição, planejei toda a viagem em torno do objetivo de conhecer Greenville na realidade, e acabei descobrindo os bilhetes baratos da US Airways — e por falar nisso, excelentes aviões e serviço de bordo bastante aceitável, fora a seleção de filmes admirável —, passando por Charlotte a caminho de Paris.

Charlotte, que vimos apenas num relance — Alan é um sujeito extremamente focado, não admite desvios não programados nos quais tendo a me distrair do objetivo previamente combinado, ufa, principalmente estando de férias —, parece uma cidade interessante, naquele modelo urbanístico americano de um *downtown* concentrado, com prédios altos, ousados e bem projetados (*skyline*), em torno dos quais toda uma cidade de casas baixas se desenvolve, bem diferente do improvisado sistema de crescimento urbano brasileiro de cuja regra nem mesmo Brasília é exceção. Chegamos a Greenville no carro alugado, dirigindo numa estrada bem cuidada — digam o que disserem, os Estados Unidos continuam sendo o centro da civilização, sabem como é.

Entramos em Greenville pelo lado errado, um setor da cidade onde há cemitérios por todos os lados, com o esperado contingente de casas funerárias correspondente, seria um sinal? Argh. É como, mais ou menos, se a gente entrasse no Rio pela Favela da Maré, se é que vocês me entendem. Mais tarde meu filho Erik me explicaria por que essa mania dos "carolinians" por cemitérios — Alan afirma que quem mora na Carolina do Sul é "carolinian", mas como não confio em ninguém, nem com mais nem com menos de 30 anos, pesquiso no Google e descubro que "carolinians" são índios de uma velha tribo australiana, enquanto bem depressa A. se corrige pelo Skype: "south carolinians", ah, bom —, segundo ele uma decorrência direta da religiosidade local, tendendo ao episcopal.

Mas passada a "crise", isto é, o lado feio da cidade, tudo que se segue é um deslumbramento. Vamos direto à Paris Mountain que Alan tinha descoberto — de um jeito ou de outro parece haver uma "Paris" no destino de *nosotros*, ah, desculpem, o espanhol foi só pra rimar mesmo — e para nossa vasta surpresa com a nossa própria eficiência, chegamos direitinho a Stoneridge, com sua vista estonteante para os Apalachians do Sul. Bingo. Estávamos "em casa".

Bem. Para encurtar a história que já vai muito longa — e que, cá entre nós, está apenas começando —, nos apaixonamos à primeira vista pelo local onde pretendemos morar num futuro ainda incerto, visto que nossa casa no Vale continua à venda e sem o dinheiro dela não temos como obter os recursos necessários: diferente de outros brasileiros mais afortunados, temos que sobreviver do nosso trabalho duro na KBR, empolgante, compensador, mas ainda assim, duro.

Eu só não queria terminar a crônica sem contar pra vocês o que (re)descobri nesta viagem, e que já não é novidade para mais ninguém: mais do que nunca nossa casa é o mundo, isto é, pode ser em qualquer lugar do mundo, uma ventura tornada possível por nossa conexão virtual com todo mundo. Em qualquer lugar do mundo muda o clima, mas os smartphones conectados nas mãos de todo mundo continuam os mesmos.

E um bom domingo procês!

AUTOMEDICAÇÃO

Quando eu acreditava que estava pronta para o habitual "*home sweet home*" depois de uma longa viagem, bastando apenas vencer o árduo período do *jet lag*, fora os pés inchados devido aos sapatos de inverno apertados, ah, doces havaianas, morri de saudade — quando eu era jovem, vamos combinar, não sentia nada disso, estava sempre "pronta pra outra" no instante seguinte de qualquer coisa —, fala sério, dois ou três amigos decidiram me alertar ao telefone sobre a possibilidade, digo, a infalível probabilidade de sucumbir a uma tal "depressão pós-férias".

Deve ser alguma perversa novidade, só pode. Leio no livro que estou editando — é isso aí, já estou na ativa e com a agenda agitada, nada de esperar o carnaval passar para o ano começar — que os manuais oficiais da psiquiatria americana, os famigerados e aparentemente detestados *DSMs* (nada a ver com doenças sexualmente transmissíveis, não custa lembrar, embora a associação de siglas seja automática e imediata), nos levam a uma situação em que "os comportamentos normais são cada vez mais categorizados como doença mental", criando "um fardo para os indivíduos, suas famílias e para sociedade como um todo". Nossa mãe.

Faz uma semana que estou de volta e ainda não me sinto no estado habitual, estado de saúde física e mental, digo. Imaginem.

Alan grita lá de dentro:

— Você vai contar para os seus leitores que teve cistite em Paris?

Pois é, gente. Eu não queria contar, achei indiscreto, sabem como é. Todo mundo sabe a origem mais comum de ataques de cistite numa mulher, algo que muita gente diria que não cai nada bem num "casal de idosos". Argh. Por falar nisso, checando de volta de viagem a página de um dos meus livros na Amazon, me deparo com o seguinte comentário maldoso, vejam que horroroso: "Pornografia sempre faz sucesso e vende. Noga Sklar relata suas aventuras sexuais internetianas, entediante. Leiam e confiram, vejam se ficam excitados com as trepadas virtuais do casal de idosos".

Só pode ser inveja, não é mesmo? Melhor deixar pra lá. Mas o que eu queria contar é que de volta da viagem falo com uma amiga ao telefone (estou chegando à conclusão de que é um perigo falar com amigos no telefone) e ela me conta que passou o dia anterior no hospital se tratando de uma cistite... será uma epidemia mundial? No caso dela, não sei, mas no meu... caríssimos, penei em Paris, onde nem por um decreto divino se consegue comprar um antibiótico sem receita, tá certo, aqui também não, mas, quem tem amigos tem tudo no Brasil, e ainda tem o jeitinho brasileiro, é ou não é?

Tentei. Cheguei a melhorar, devo confessar, só de encarar o precinho de uma daquelas pílulas irrelevantes, feitas de um composto natural qualquer, uma frutinha vermelha dessas que agora não lembro o nome, cranberry, acho, que já não me ajudara em nada nos Estados Unidos quando eu lá morava, logo depois de ter conhecido o Alan biblicamente (e adquirido a obrigatória cistite crônica), ufa, placebo perde: 25 euros a caixa, pois é, mais de R$75, podem acreditar.

Chegando em casa, a primeira providência foi iniciar a série do antibiótico usual, ok, a gente não deve se automedicar, mas... fazer o quê. Depois de tão longa vivência consigo mesma a gente aprende uma coisa ou duas, e o que me receitei foi exatamente o mesmo que o hospital prescreveu para a minha amiga, hospital? Tô fora. Mais ainda depois de prosseguir no tal livro na mesa de edição, cuja autora descreve todo tipo de abuso de remédios e práticas nojentas da "nova medicina", mas isso também é melhor esquecer, um assunto que não dá o menor samba.

O que não posso deixar de compartilhar é que não sei bem quanto ao Alan e a mim, mas quanto à nossa casa, posso garantir que não só sentiu muito a nossa falta, como também vem exibindo sintomas inconfundíveis de "depressão pós-férias" (se ainda fosse esotérica e naturalista eu diria que é tudo emocional, pois a água, como todos sabem, é associada à emoção, e parece que os dutos da casa perderam a noção, assim como os meus, no meu caso refiro-me aos urinários, é claro): a torneira da cozinha, imaginem, estava com um enorme vazamento sob a pia, e o automático da bomba sem função. Chamei o "especialista", que ainda não chegou a nenhuma conclusão, resultado: estamos a semana toda com a bomba em estado manual, uma chateação, principalmente quando a caixa fica vazia no meio de uma ducha. É de amargar.

Tudo isso, pra nem mencionar que além dos peixes mortos no laguinho (diz o Alan que morreram de calor, quase cozidos, o horror), o telefone sem fio faleceu na nossa ausência, morreu de saudade, o coitado, não suportou o mutismo prolongado.

Enfim, para encurtar, o que não tem remédio, remediado está, e isso também há de passar, desde que eu arrume a paciência necessária para aguardar e ir resolvendo aos poucos. Aliás, devo confessar que embora em "algum nível" profundo eu até possa estar deprimida, como recomenda a moderna psiquiatria, no raso no raso estou bem feliz de estar de volta ao trabalho, e bastante tranquila até. Tomara que eu consiga preservar por um bom tempo a "sanidade" acumulada nas férias, ah, e antes que me esqueça, tomara que chova, três dias sem parar, pois o calor está mesmo de matar.

E um bom domingo procês, só pra variar.

O LADO OBSCURO DO PROTECIONISMO

O assunto já está velho, mas creio que posso ter o orgulho de ter sido uma das primeiras brasileiras a ver o desempenho surpreendente e admirável de Matthew McConaughey e Jared Leto à frente do "Dallas Clube de Compras", tanto que, nas apostas do Oscar, o prestígio dos atores aqui na terrinha estava bem por baixo, sinal inequívoco de que não tinham sido assistidos.

O cinema, embora muitos considerem que esteja em decadência, é ainda uma das grandes formas de comunicação de sentimentos e até de educação na sociedade contemporânea, e não me refiro somente à telona, ao ritual de sair de casa etc. Fora do Brasil já estão em vigor vários mecanismos de propagação bem bacanas, entre eles o Amazon Instant Video e a *supercool* Apple TV.

Ah, vocês estão aí se perguntando por que a gente não tem acesso no Brasil?

Pois é. Adoro cinema, uma das minhas formas favoritas não só de relaxamento e diversão, mas também de reflexão. E como optei (muito sabiamente, aliás, sem nenhuma modéstia) por morar no mato, me vejo muitas vezes restrita ao *pay-per--view*, com todos os atrasos incorporados, sabem como é. Parte da opção por morar no mato inclui também (ou deveria incluir) uma baixa geral no nível de ansiedade, da obrigação de sair correndo para ver as coisas antes de todo mundo que me acometeu por longos anos, desde a infância. O filme aí de cima, por exemplo, assisti em Paris como já contei. Quanto à reflexão, esta semana me deparei com uma boa surpresa no canal a cabo, o filme de Margarethe von Trotta sobre o julgamento de Eichmann em Jerusalém, isto é, sobre o livro que Hannah Arendt escreveu sobre o julgamento de Eichmann em Jerusalém que mudou sua vida, e também a de todos os judeus e intelectuais no mundo, levando-os a refletir sobre uma série de assuntos delicados e primordiais, ou, por outro lado, a se revoltar contra as ideias da escritora. Ato contínuo, baixei o livro no meu Kindle.

Deixa eu explicar: Alan adora me criticar, dizer que sou uma enciclopédia ambulante de nomes, sem saber exatamente o que há por trás, mais ou menos uma diletante de carteirinha como eu mesma me qualifico, não preciso de ninguém para isso (contra uma frase feita aí do próprio Alan que aparece em seu clássico *Tzadik*: "Não critique a si mesmo, deixe essa tarefa para os outros"), parodiando Rita Lee, pra fazer pouco de mim "eu mesma faço", mas voltando, eu nunca de verdade tinha lido Hannah Arendt, sabia vagamente que ela era controversa, "*self-hating Jew*" associada ao protonazista Heidegger (que também nunca li); e ainda há uma boa chance apontada por um amigo de "mente superior" de que eu não a entenda (e não estaria sozinha nisso, aparentemente ser "mal compreendida" era uma das especialidades da filósofa). Mas não custa tentar.

Fiquei impressionada com o filme, e por falta de interlocutores o venho discutindo desde então comigo mesma. Uma das conclusões a que cheguei ao assisti-lo (as sequências do julgamento em Jerusalém — um "espetáculo montado por Ben Gurion para aumentar as compensações alemãs e unificar um país de imigrantes", segundo as más línguas, não a minha, que é boazinha — são reais, inseridas no filme de modo eficaz) é que Arendt errou feio em sua análise do caráter de Eichmann, o Eichmann real trancado em sua jaula de vidro *comme il faut* para um animal: sua mansidão, estupidez bovina e apego à burocracia me pareceram falsos, magistralmente orquestrados pelo carniceiro do Reich para escapar ao martelo incerto da justiça humana. Não me convenceram de jeito nenhum. Outras controvérsias sobre o trabalho de Arendt vou deixar para outra ocasião, porque fogem ao tema desta crônica que incrivelmente a esta altura do texto apenas arranhei.

Imagino que alguns leitores com menos de 50 anos estejam se perguntando — além da óbvia dúvida sobre Arendt —, quem seria esse tal de Eichmann sobre quem falei tanto e tão capaz de mobilizar dolorosas emoções. O que vem a reforçar meu ponto sobre ser o cinema um bom veículo de informação e mobilização: embora possa ser limitado, é bem direto o recado dado na tela sobre fatos históricos complicados, principalmente pela mão de uma diretora fera como von Trotta. E me traz, finalmente, ao foco central de minhas preocupações neste domingo em que me digladio comigo mesma, literalmente, falo sozinha sem nenhum pejo vociferando ataques de raiva contra o Brasil, mais sobre isso mais tarde.

O caso é que vim recentemente a perceber que por suposta imposição do governo a TV a cabo que assino, e pela qual pago um bom dinheiro (oriundo do trabalho honesto, não custa acrescentar), entulhou sua grade ultimamente com filmes brasileiros, independentemente de sua qualidade, ocupando um lugar que deveria nos aproximar de uma produção cultural diversificada e de livre escolha, afinal, é para isso que se paga caro uma TV a cabo: "Todos os canais brasileiros de séries, filmes, documentários e animação de TV por assinatura terão em sua grade de programação pelo menos 3h30 por semana de conteúdo nacional e de produção independente em horário nobre", decretou orgulhosamente a ANCINE. É tudo tão ruim, que me parece bem mais.

Caros, me desculpem as vozes discordantes, mas esse tipo ultrapassado de protecionismo, típico das piores e mais emburrecedoras ditaduras, não sei se tem por objetivo, mas certamente terá como resultado um achatamento cultural ainda maior para um povo cuja cultura geral já se gruda no asfalto. O Brasil, meus amigos, é cada vez mais um país que se orgulha de sua ignorância, ao que parece. Se quisesse aborrecê-los ainda mais eu diria, "uma nação de Lulas da Silva", *sorry,* não resisti.

Quer aparecer no horário nobre com seu filme *Made in Brazil*? Beleza, tudo bem. Dou força. Pois faça melhor do que os concorrentes estrangeiros e conquiste o seu lugar por mérito e arte, porque fora disso, cultura imposta sem nenhum compromisso de qualidade, francamente, só vai nos empurrar cada vez mais fundo pra dentro do buraco da burrice. Até em Paris, berço de cultura, nesta última viagem o cenário do cinema estava tomado por filmes estrangeiros, no caso, provavelmente por conta do Oscar e do Festival de Berlim, mas estrangeiros mesmo assim, naquele momento, melhores que os franceses sim, e daí?

Por essas e outras é que o brasileiro, apesar do quebra-quebra nas ruas um conformado de carteirinha, tem que aceitar produtos mal ajambrados, uma atenção ao cidadão depauperada, uma roubalheira impune e descarada, e, a partir daí, um mal permanentemente incorporado ao ideário nacional, como bem previu a cartilha de Arendt — um mal disseminado por burocratas dominados capazes somente de cega obediência (ou empenhados eles mesmos em piorar mais um pouquinho e mais aquele outro verbo que rima), sem a menor capacidade (ou vontade) de crítica ou julgamento.

A verdadeira decadência de uma sociedade começa a se infiltrar pelas pequenas coisas, exagero, tudo bem, mas o exagero faz parte da crônica, e, além do mais, já confessei no começo que ando tendo ataques de raiva contra o Brasil, tá bem, tá bem, os incomodados que se retirem. Já estou providenciando.

Um bom domingo procês.

MITAKUYE OYASIN ONLINE

Hoje em dia, para quem me conhece, pode até parecer inacreditável, mas por boa parte da minha (longa) vida fui profundamente espiritualista. E orgânica, vegetariana, alternativa e o escambau, como já contei.

Mamãe, de saudosa memória, me criticava ferozmente, quase tanto como eu hoje critico quem se ilude impunemente. Pra dizer a verdade, a família toda ficou para sempre com esse ranço de que "a Noga é meio maluquinha", fazendo pouco de minha "fé" e tentando me convencer de que "a vida é bem mais simples (simplista) para quem crê", sendo a crença uma espécie de muleta para cérebros meio capengas, se é que vocês me entendem, um rótulo que apesar de descascado grudou para sempre em mim. Na família, digo.

Hoje, infelizmente, sou forçada a concordar com os "velhos" que me massacravam, só não concordo, é claro, com o método e a ferocidade empregados, embora os entenda perfeitamente. Na minha família, só a razão importava. "Pobreza", era o que eu achava. Minha tia sempre repetia, para meu desalento na época, que em sua impiedosa e radical opinião só o materialismo existia. Era tudo dinheiro.

E é mesmo.

Tudo isso ficou no passado. Hoje ocupo o meu lugar entre os céticos de papel passado, e devo confessar que me orgulho bastante disso, acho sinal de inteligência, esta é que é a dura verdade.

Fácil, não é. Até hoje me ressinto de um buraco não preenchido, ah, dirá você, bem que eu avisei, sem o espírito a vida neste mundo não faz nenhum sentido. Mas sou radical de carteirinha, seja qual for a filosofia escolhida, fazer o quê. E não consigo, por mais que eu tente, ceder um centímetro na minha teimosia, até que...

Bem. Durante uns quatro ou cinco anos rezei pela cartilha do xamanismo, e podem crer que entendo bem disso — profecias maias, mistérios anasazis, ditados lakotas, digam aí, em tudo me aprofundei. Visitei os lugares sagrados, principalmente nos Estados Unidos, onde a cultura "nativo-americana" quase tem força de lei. Vi-me em outras vidas pelas mãos habilidosas (pra não usar aquele outro adjetivo que rima) de meu xamã particular, para quem trabalhei como intérprete simultânea por duas ou três temporadas de catarses espontâneas, um espetáculo arrepiante que não recomendo a ninguém, mas ao qual me entreguei com a mesma energia que hoje dedico a editar livros.

Pois é. Mudam as drogas, mas o vício continua o mesmo, sabem como é. Pelo sim pelo não, guardo até hoje o meu tambor cerimonial.

Minha vida de xamã, devo lhes contar, era bem interessante até, prenhe de "sinais", tudo sendo sinal de tudo o mais (no meu primeiro livro escrevi sobre isso). Houve um dia, por exemplo, em que viajávamos por uma estrada péssima, cheia de buracos, voltando de uma "maratona" de fim de semana, quando o pneu furou. Nem o atraso nem a sujeira nos chateou, sendo parte de um plano maior do destino, evidentemente. Se estávamos perdendo aquele tempo era para nos protegermos de algum outro evento, certamente muito mais pernicioso. Wakan Tanka (o "Grande Espírito") tinha nos abençoado com aquele pneu furado.

O mais recente "ataque de simbolismo" de que me lembro foi quando nos mudamos, Alan e eu, para o Vale do Sossego, onde, vamos combinar, se a gente deixar, cada segundo em meio à natureza estonteante parece uma prece num templo sagrado, isolado do tempo, das variações do clima, da política e de todas as outras crises que nos rodeiam. Mas não nos afetam. Estamos e(n)levados. Fosse em outros tempos e eu certamente veria sobre nós uma perene cúpula de energia transparente, protegendo desde o nosso alvo monastério bauhausiano até a montanha sagrada em frente com suas inscrições fenícias (digo, erosão no maciço de granito, mas que é bonito, é).

E por que eu estaria evocando tudo isso de repente? Porque, meus amigos, enquanto trabalhava na capa do meu novo livro, quase resvalei na tentação de ver a magia em ação, francamente, até dei sinais no Facebook de que me tornaria crente novamente, bem, lamento ter que decepcioná-los quanto a isso: depois de uma noite inteira de reflexão, recuperei a razão — destino final de todo desmentido sobrenatural —, ufa, ainda bem.

Imaginem se agora, depois de velha e com 11 livros publicados, indo para o 12º (quase 13º, sai, azar), além desta terrível mania de rimar eu ainda por cima voltasse a acreditar! Ninguém iria suportar. Nem eu.

Foi o seguinte: como o título do livro é "Na poltrona do editor", busquei no Google uma pintura mais ou menos neste teor, "mulher sentada em poltrona lendo" ou coisa parecida, só que em inglês, para ser mais global — eu gosto, sempre que é possível, de usar artistas reconhecidos nas capas da KBR, todos em domínio público, é claro.

Num primeiro momento vi várias de Matisse, que adoro, mas Matisse, hum, mesmo falecido há muito tempo, tem "valor histórico e artístico fora dos Estados Unidos", o que, segundo a Wikimedia, torna duvidoso o direito de utilização, melhor não ir por aí. Então escolhi um pintor alternativo, meio matissioso mas bem menos famoso, para mim, pelo menos, que nunca ouvira falar dele: Gari Melchers. Pois quando fui verificar os dados técnicos para a página de copyright, quase tive uma coisa: a tela pertencia ao museu de Greenville, cidade que Alan escolheu para a gente ter casa nos EUA e onde até já demos sinal num terreno, deus meu! Que sinal seria esse? Aprovação divina de nossa "descoberta" pela internet? Seria Alan um emissário "d'Ele", como ele mesmo afirma às vezes na intimidade do lar? Loucura. (Pronto. Entreguei.)

Eu acredito em coincidências, e que *las hay, las hay*, tenho certeza. Mas assim também já era demais, foi duro manter nesse caso a complexa imparcialidade dos agnósticos, sei que vocês me entendem: como era possível que, dentre os milhões de imagens que o Google me retornara, eu tivesse escolhido logo essa, do pequeno Museu de Arte de Greenville, no norte da Carolina do Sul?

Pois é. Me pus a pensar, e pouco depois entendi: não se tratava de magia nenhuma, como inicialmente poderia parecer, mas sim de um complicado algoritmo do Google que havia juntado os dados de minhas pesquisas recentes: Greenville, mulher, pintura, poltrona, *et voilà*, havia uma imagem com todos esses requisitos pronta para me impressionar, e inconscientemente a escolhi, ou melhor, guru Google a escolheu por mim.

Bingo. E assim tem sido nossa vida moderna conectada, manipulada, coitada, embora na maioria das vezes a gente não perceba e nem acredite nisso.

Para encerrar, devo confessar que nos tempos derradeiros de esotérica, quando a internet dava seus primeiros tímidos passos em nossa existência conectada, eu a percebia junguianamente como uma espécie cibernética de "mente coletiva", ou "arquétipo consciente" ou ainda, piorando mais um pouco, "registros akáshicos materializados", uma coisa real que nos une no mundo virtual, se é que um paradoxo desses pode fazer algum sentido para alguém.

Enfim, de um jeito ou de outro, mecânica, eletrônica ou espiritualmente falando, com nossas redes sociais conseguimos provar realmente que estamos todos ligados, somos finalmente um, como no velho cumprimento lakota que nos descreve como interconectados, parte de um parentesco sagrado que a tudo e a todos inclui: *Metakuye oyasin*.

E um bom domingo procês.

Entrave imobiliário

A única constante é a mudança.
Heráclito de Efeso

Tudo que eu sempre quis na minha vida desde menina, devo confessar, foi ficar casada até que a morte nos separasse e morar na mesma casa até que a morte me levasse. Mas não foi o que prognosticou meu ex-guru Mário Trancoso. O motivo da consulta ao tarô foi minha revolta com a traição do primeiro marido, naquele momento vivendo sozinho no nosso primeiro apartamento que eu tinha acabado de deixar: "Minha filha, você vai ter três maridos e morar em dez casas diferentes", ou seria o contrário? Já não lembro direito. Mas se a memória não me falha — estive contando ontem à noite antes de adormecer —, já cumpri minha cota.

Nossa bela casa em Correias (próxima a Itaipava, Petrópolis), não sei se vocês sabem, sempre foi um negócio, um negócio imobiliário, dos melhores investimentos que existem. Funcionaria assim: a gente tinha uma grana, encontrava um lote bom, construía a casa, vendia com um bom lucro logo que ficasse pronta, tirava um mês de férias em Paris e depois comprava outro lote bom, construía outra casa, vendia com bom lucro e assim por diante. Com três casas estaríamos aposentados. Poderíamos até morar em Paris se fosse esse o nosso desejo.

O problema começou quando Alan, mentor estratégico da nossa empresa, me explicou como deveríamos construir a casa para termos sucesso na empreitada. Ela deveria ser desenhada, nos mínimos detalhes, do jeito que a gente gostaria que fosse caso fôssemos viver nela. Entenderam?

O bicho pegou. Casa pronta, a artista se apegou, você não vai querer ter como sócia uma mulher emotiva como eu, vai por mim. Fiz o que estava ao meu alcance para sabotar a "realização financeira" do nosso investimento, como assim, agora que tenho essa casa maravilhosa nem morar nela eu vou?

O negócio parou na primeira. Por mais que "tentássemos", não conseguimos vendê-la. Mudei de ramo. O resto é história.

E o que veio depois do fim da história até hoje mantive em segredo, o que, como vocês bem sabem, é duro demais para mim.

Não me levem a mal, mas sempre ouvi que se a gente quer mesmo que alguma coisa aconteça deve mantê-la em absoluto segredo para "não dispersar a energia", e dessa vez resolvi tentar. Venho lidando com esse obstáculo com a maior nobreza e falta de apoio que tenho conseguido amealhar, mas até agora, e lá se vão uns nove meses, a energia aparentemente nem assim tem sido suficiente — talvez seja o tipo de negócio, sei lá, que a gente precise divulgar, como, por exemplo, um livro que se acabou de publicar. Isso — sem preconceito, por favor —, sem contar que nunca consigo lidar com dois tipos de profissionais sem me deixar ofender e incomodar: os corretores de imóveis e os jornalistas de literatura. Sempre perco a paciência, acabo botando os pés pelas mãos, não tem jeito.

O caso é que com os filhos crescidos e encaminhados na vida, Alan cada vez mais injuriado com o exílio voluntário — voluntário mas doloroso do mesmo jeito, é terrível sentir-se estrangeiro, vamos combinar, a não ser com muito dinheiro —, minha mãe sepultada e o negócio da minha vida estabelecido "na nuvem" — agora sim, algo a que gosto de me dedicar —, decidi que estava pronta para mudar uma coisa ou duas e amenizar o sofrimento do meu parceiro. Se envelhecer é inevitável, que fosse em seu país de nascimento, dez anos de ausência já estava de bom tamanho. Além do mais, eu andava com um desejo latente de tentar a vida no primeiro mundo, pra variar.

Conversamos. Ele hesitou.

Mas depois de uns seis meses, capitulou. Começou a aceitar a ideia de que seria bom voltar aos Estados Unidos, embora ainda hesitasse em ter para sempre ao seu lado uma estrangeira, pior ainda, uma quase mexicana tão burra que mal articula o inglês, ah, tá bom, relevem aí o preconceito, tá no sangue, sabem como é. Ignorei as firulas que jamais deveria ter ignorado e colocamos a casa à venda.

Era linda. Seria fácil. Prosperidade à vista. Dei opção não exclusiva para os melhores corretores da cidade — como todos sabem, a porta de entrada do paraíso, sem violência, sem poluição e quase sem trânsito, a não ser, é claro, quando chegam todos os veranistas, caso em que sempre se pode conseguir qualquer coisa por telefone sem sair de casa, desde que a gente conheça as pessoas certas.

Pois é. Comecei prometendo apresentar os prováveis compradores a todas as pessoas certas, afinal de contas, também já fui forasteira em Itaipava. E a cada pessoa que nos visitava, punha um sorriso no rosto e a minha rara persona simpática, ambos consideravelmente reforçados quando os candidatos elogiavam o projeto da casa.

O que se seguiu por todos esses meses oscilou todas as vezes de um pastiche de Fellini a uma comédia pastelão, sendo o bolo na cara apenas espiritual, é claro, porque até hoje a resposta foi sempre um não — imaginem, uma recusa do paraíso. Ou a casa é muito grande, ou é muito pequena, ou falta um banheiro para as visitas, ou tem muito vidro para as crianças, ou o cachorro não sobe escada, ou é muito quente, ou é fria demais. Tivemos gordos, magros, chiques, cafonas, casais gays, jovens solitários, noivas interesseiras de olho no imóvel do futuro marido, digam aí. Há uma estranha predominância de médicos residentes, sem que faltem os óbvios aposentados. Houve até mesmo um executivo de supermercado. Alguns artistas se encantaram, mas infelizmente não tinham dinheiro nem contracheque para o financiamento bancário.

Tento não dar muito papo, mas nisso tenho falhado miseravelmente — sou uma velha solitária e meus interlocutores, raros —, e a cada *prospect* derrubado acho que fui a culpada. Alan não perde tempo em reforçar essa minha impressão: ou falei demais dando tempo à especulação, ou dei a entender que havia alguma coisa a mais atrapalhando a transação, sempre sob o olhar inquisidor do incansável corretor, de olho na gorda comissão.

Duas vezes estivemos na mesa do sinal sem que se apresentasse o comprador, eu sei, um raio não cai duas vezes no mesmo lugar, mas alguma coisa no meu cérebro deve atuar como uma espécie de para-raios, sei lá: atraio todos os malucos das redondezas, gente que adoraria comprar a nossa casa, mas na última hora não consegue o dinheiro, embora o governo afirme que vivemos uma "bolha imobiliária".

Recentemente, imaginem, cedi à insistência do Alan e fiz uns pequenos reparos, normais numa casa depois de quatro anos e meio, habitada intensamente 24 horas por dia. Embalei nosso "produto" para presente, embora achando desnecessário, visto que o comprador fará tudo o que julgar prioritário antes de se mudar. Mas Alan quer mais: quer comprar os terrenos em volta, fazer piscina, sauna e uma quadra de tênis, porque só assim conseguiremos não vender a casa por um valor suficiente para não construirmos nos Estados Unidos outra equivalente.

Tenho pensado bastante ultimamente, enquanto me irrito com as propostas de corretores que nos animam inutilmente. Talvez não seja uma ideia assim tão boa vender nossa bela casa no paraíso, a décima-primeira de minha vida. Quem sabe seria melhor esperar por um quarto marido?

E um bom domingo procês.

PT 13

Não sei se vocês sabem o que é "OPM", bem, como aqui em casa vivemos numa "binacional", sou forçada a me atualizar com as expressões dos Estados Unidos, ou nem poderia conversar com os meus filhos, isso, para nem mencionar o pai deles, que volta e meia se ofende com meu "inglês quebrado".

Tá bem. No Brasil todo mundo sabe o que é (e se não sabe, com certeza sente), muito mais até do que nos EUA, onde para ser gasto ele ainda precisa ser aprovado pelo congresso e o escambau, um atraso de vida, não é mesmo? Taí o eterno problema (de) Obama para provar isso.

Mas chega de enrolação: "OPM" é a sigla oficial para "*Other People's Money*", um conceito tão disseminado por aqui que valeria a pena traduzir: "DDO", o "Dinheiro Dos Outros", aquele que não dói no cu deles, digo, bolso. Mas arde bastante no nosso, vocês me entendem. E enquanto isso o Brasil vai resvalando para a PQP.

Arrepiei-me esta semana ao saber que caiu finalmente a popularidade da Presidenta, pois é, de quantos escândalos se faz uma derrota? Mas, francamente, nem deu pra relaxar, porque ato contínuo estão nos ameaçando com a volta dos que já foram, e por lá deveriam ficar, "Sexta-feira 13" perde, vamos combinar.

É como dizia mamãe: entre a merda e a bosta...

Ops, desculpem. Estou com a boca suja hoje, e não é pra menos. O que tenho percebido, e sentido na carne, é que há hoje em dia uma nuvem de ódio pairando por cima de todo brasileiro que pensa. E mesmo os que não pensam muito, por falta de hábito ou cultura, se sentem achacados por conta da própria conjuntura, sem saber direito a quem mandar a conta.

Esta semana, por exemplo, mantive o seguinte diálogo com a Ivete, minha "mão esquerda" (faz tudo o que eu não sei fazer, principalmente a limpeza da casa):

— Ivete, você já percebeu como está todo mundo revoltado? Nem quando o Collor passou a mão em todo o nosso dinheiro tinha tanta gente descontente no Brasil.

Ela não se lembra de Collor, por histórica ironia pedra fundamental do fenômeno Lula. Era ainda uma menina, e, claro, dificilmente a família dela no interior de Minas teria mais que R$50 na conta-poupança, cruzes, nem real era, cinquenta o que, mesmo? Pera lá. Vou ao Google e volto já.

Diferente de agora, talvez pela falta da disseminação na mídia que temos hoje, naquela época grassava um otimismo, "eles sabem o que fazem", uma ilusão que nos protegia da dura verdade e só se revelou bem mais tarde, com os caras-pintadas e o lindo *impeachment* do presidente, momento de unânime orgulho nacional, aliás, se estou bem lembrada, uma novela legítima, com direito aos jardins da Babilônia, cocaína, câncer no cérebro, crime passional e tudo o mais, caramba, como (nos) custa ser brasileiro.

— Magina, Dona Noga. A senhora sabe que depois de todas aquelas manifestações de rua, já vão aumentar de novo o preço da condução?

— É. Memória curta, Ivete. Outro dia fui à farmácia e estavam faltando remédios, o cara me disse que é porque vai haver aumento. Incrível.

— Tudo é culpa dessa Dilma horrorosa. Não voto nela de jeito nenhum.

— Opa, ainda bem. Quem sabe se ela perder as coisas melhoram, não é... a cada quatro anos tem uma esperança de mudança. A gente precisa aproveitar, senão, ó, babau. Mais quatro anos de miséria.

— É verdade. Tomara que o Lula volte para a gente poder votar nele.

Gulp. Mentalmente, ela ali na minha frente, arranco os cabelos de ódio. Esperneio. Grito internamente. *To no avcil.* Ando tão estressada ultimamente que no meio dessa conversa de doidos, ou de surdos, ou de cegos, comecei a falar inglês com a Ivete. Imaginem.

Esta crônica, aliás, estaria melhor nomeada se fosse intitulada "Eu odeio o Brasil", como tanta gente tem propagado recentemente. Mas meu ódio ao Brasil não dura, não passa no teste de uma bela manhã ensolarada ou um tucano na minha árvore copada — é isso aí, de vez em quando pousam tucanos por aqui. Pode ser equiparado, por exemplo, ao ódio que sinto do Alan, uma raiva que dói, mas passa, basta a mão dele tocar meu peito quando a gente acorda, com aquele jeito que ele tem de investigar se continuo viva e ao mesmo tempo me mostrar que está vivo também.

Ainda estou viva, Brasil. E isso também há de passar.

Pois mudando totalmente de assunto, eu estava conversando com o Alan, sempre ele, como eu viveria sem ele, sobre o motivo que tem levado todas as mídias a cada vez mais enfocar a miséria humana, algo inicialmente justificado por aquele princípio de que isso alivia a nossa própria, e foi aí que fiz a piada, pasmem, em inglês, que nos estertores do nosso casamento talvez consiga salvar a parada, sabem como é, a inteligência aqui em casa é sempre apreciada: OPM, "*Other People's Misery*", ou DDO, a "Dor Dos Outros".

O problema que eu vejo é que quando se toma um DDO por outro, seja qual for o idioma adotado, o resultado obtido só pode ser um: um ódio contagiante como esse que tem nos envenenado. Acabamos descambando para um sofrimento cotidiano, e de repente já não é mais o dinheiro dos outros, é o nosso, já não é mais a dor dos outros, mas a nossa. E é aí que a esperança perde para a fossa, tanto faz se no sentido antigo de "depressão" ou no literal "poço de merda", num caso e noutro é onde nos encontramos.

E um bom domingo procês.

CAÇA AO CÂNCER

Esta semana li no NY Times um artigo horroroso intitulado "Por que todo mundo parece ter câncer". Nele, explica-se como a maior longevidade acaba desembocando numa escolha prenhe de malignidade: na velhice avançada, sem escapatória, a gente oscilaria entre morrer de câncer ou devido às complicações do alzheimer, com minúscula, por favor. Tá doido, sô (sem trocadilho).

Nem dá vontade de conquistar a promessa final do ensaio, que termina nos "consolando" com a possibilidade de em breve atingirmos os 200 anos de idade — a humanidade, digo, os mais afortunados entre nós, porque, francamente, haja dinheiro para usufruir das novas tecnologias.

De minha parte, como todo mundo sabe, já fiz as pazes com a alta probabilidade de num futuro próximo ter que enfrentar o "alemão", como outro dia no Facebook uma de nossas autoras apelidou a doença. Afinal de contas, a herança genética me condena, fazer o quê. E não acredito, como disse aquela outra escritora, que "quando a gente chegar lá a ciência já terá solução para todas essas coisas", pois tenho plena consciência de que, aos 62 anos, "já estou lá".

Mas, no que diz respeito ao CA — como no outro dia o nomeou outra autora, ih, desta vez na coletânea *No divã com as esteticistas*, talvez para evitar "a maldição da palavra dita alto e bom som", sei lá —, minha disposição já não é a mesma. Embora soletre seu nome com todas as letras, tenho um medo que me pelo da coisa em si, tanto que evito o máximo que posso o contemporâneo hábito de buscá-la por todos os cantos do corpo, bem antes que ela se decida a dar as caras. Tô fora. Até ontem à tarde, por exemplo, já estava há seis anos sem pisar no consultório do ginecologista, afinal de contas, o que a gente faz numa consulta ao ginecologista? Isso mesmo. Procura câncer a cada seis meses, conforme recomenda a boa prática médica.

Antes de mais nada, deixa eu explicar que sou uma antítese perfeita de certos bons exemplos da sociedade, Angelina Jolie, por exemplo. Ela é alta, eu sou baixa; ela é linda (até no nome), já eu... deixa pra lá. Meus lábios com o tempo se tornaram quase uma linha crispada rasgando o rosto, já os dela... Não tenho filhos para criar, e os postiços que tenho já são adultos, não preciso me preocupar (embora por vício viva preocupada com os dois bonitões, dois metros de altura cada um). E, *last but not least*, ainda por cima sou há nove anos casada com a antítese perfeita de Brad Pitt — tá bom, vou poupar-lhes a penosa descrição (revoltado por se ver comparado a Brad Pitt, Alan se vinga lá de dentro, contando que viu pela internet Angelina e seus lábios avantajados embarcando com destino desconhecido num ônibus lotado, em frente ao Beverly Wilshire Hotel, quase na altura de Rodeo Drive).

Agora, no que se refere a partes do meu corpo, devo confessar, o contraste entre Angelina e eu é ainda mais marcante: sou superapegada até mesmo ao menor pedacinho de matéria deteriorada, como aqueles que cortei fora ontem à tarde, muito contra a minha vontade.

A coisa começou não me lembro bem quando, quando uma daquelas manchas típicas de pele clara — para não dizer "de velhice" — evoluiu para uma coisa mínima, mínima mas escura, quase negra, irregular, bem debaixo da minha mandíbula. Via-se pouco, via de regra escondida pela volumosa rebeldia da grisalha cabeleira. Mas Alan não parava de ver. E de mostrar. Já me via desfigurada, desqueixada como a falecida Lucy Grealy, coitada.

Melodramátᵢco, chegou ao cúmulo, imaginem, de me levar ao Rio para um encontro com a minha prima, que há pouco extirpara da costas um melanoma mínimo, mas invasivo pra caramba.

"Todas as coisas começam pequenas", vaticinou o dermatologista. Não pude escapar. Marquei a consulta para dali a duas semanas com o especialista que diagnosticara a minha prima, salvando sua vida, ainda bem. Se fosse o caso, eu deveria ser salva também.

Foram semanas infernais. Entre histérico e consternado, Alan chegou, imaginem, a adiar nosso trato com relação ao terreno de Greenville que eu tanto queria: "Minha mulher vaᵢ ao oncologista no dia 3, fazer umas biópsias", disse, exagerando, ao estressado corretor da Carolina do Sul. Evangélico e solidário, o coitado nada pôde fazer a não ser prometer que haveria de "rezar por mim". Amém.

Pois bem. Depois de várias noites maldormidas, chegou o fatídico dia. Eu tinha aproveitado para marcar também uma revisão na ginecologia — já que estaria na chuva, melhor seria molhar tudo de uma vez. Do dia 3 de abril o maldito câncer não passaria, digo, a maldita ameaça de câncer enfim desapareceria.

Cá entre nós, devo confessar que ao termo e ao cabo de angustiadas investidas no Google eu já havia concluído que a coisa não passava de uma ceratose mal acabada, até diminuindo já estava — claro que com isso, sim, eu estava preocupada, pois 25% das ceratoses desaparecem sem que se faça nada para isso, embora, infelizmente, sejam do tipo que no restante da percentagem podem evoluir para um tumor maligno.

Enfim, para encurtar a história, tive três pequenas seções de pele eliminadas pelo dermatopatologista, uma delas quase imperceptível, mas altamente suspeita — vou colocar esta aí na conta de "ter salvo a minha vida", estava no meio das costas e sem ajuda nunca seria vista. No mais, além da dor no bolso tive que me submeter em mais de vinte pontos espalhados pelo corpo aos efeitos colaterais indesejados do primo malvado do lança-perfume , vocês conhecem, aquele spray geladíssimo de nitrogênio líquido com que o médico me perseguiu até a saída do consultório em Botafogo, transbordando de energia como um Dr. Jekyll tupiniquim.

Na despedida, o competente especialista ainda tentou me empurrar um futuro *peeling* de última geração, que "me deixaria muito feliz". Mal sabe ele que não ligo para isso, são bem outras as coisas que me proporcionam momentos de felicidade, como um reconhecimento literário, por exemplo. Mas me deixei contaminar e comprei na farmácia logo ao lado uma cara bisnaga de ácido retinoico, que, provavelmente, com toda aquela lista de sequelas deprimentes, jamais me dotará de uma "cútis ideal", principalmente depois de eu ter sido isentada do crime de "usar desodorante no rosto" de que Alan sempre me acusa: o tradicional Creme Nívea foi liberado pelo doutor. Ufa. Ainda bem.

E um bom domingo procês.

QUARENTA ANOS NO DESERTO

Nesta segunda, como vocês sabem, nós judeus comemoramos a nossa Páscoa, aliás, o que estou dizendo, a Páscoa de todos nós, aquela que bíblica e historicamente mudou o destino de boa parte da humanidade — a parte boa da civilização contemporânea, eu diria, se não houvesse a obrigação de ser politicamente correta, pelo menos a parte do planeta conhecida como "ocidental", onde o sol sempre se põe.

E onde também, Alan me informou indagorinha, felizmente a tempo de ainda incluir na crônica, veremos na madrugada de terça a rara "lua de sangue" — "*red moon rising*", ele alerta, desta vez se referindo à preocupante ascensão de vocês sabem quem. Será que conseguiremos sobreviver?

Fosse em outros tempos e eu já estaria me preparando para a "intensa grande cruz em signos cardeais" que dominará os céus, e que se sobrepõe exatamente à minha. Nossa. Não estou suportando me manter cética, até enviei um email de emergência para a minha "astróloga de plantão", tá feia a coisa.

Nesse dia, há mais ou menos 1981 anos, o jovem Mestre Yeoshua comemorava o Pessach com seus discípulos em Jerusalém, quando...

Pois é. Paradoxalmente, Pessach é a celebração da liberdade, da evolução, da consciência de já não sermos escravos, termos deixado os grilhões para trás. Mas, por uma dessas ironias do destino, quarenta anos vagando no deserto nos aguardavam, antes que sequer pudéssemos imaginar, ainda que muito de longe, um significado aceitável para o conceito de "Terra Prometida".

É verdade, já escrevi muitas crônicas sobre isso. Até poderia afirmar que meu crescimento, e as mudanças que atravesso por falta ou excesso de cometimento, podem ser medidos por meus textos de Pessach em tantos anos de cronista, taí, uma boa ideia para um "novo" livro: *Páscoas, as passagens*.

A Páscoa sempre foi muito importante para mim, digo, na infância e adolescência, antes que o indelével relâmpago da vida me marcasse, me dividisse entre antes e depois, deixando em mim essa cicatriz, esse traço invisível a não ser na escrita, "o sentimento objetificado", para sempre perneta emocionalmente. Se me deixou mais ousada ou mais demente, não sei.

Nunca antes parei para pensar nos múltiplos paradoxos de Pessach, entre outras coisas a simbolização de tantas e tão diversas fomes num festim de fazer inveja a Harun-Al-Rashid. É a terceira maior comilança do ano, depois do Natal e de Thanksgiving, certamente a maior de todas no judaísmo, nossa, tô muito citativa hoje, tudo para esconder debaixo de camadas de preferências diletantes a frustração galopante que me afeta neste Pessach particularmente, tudo somente por minha própria culpa, claro. Por minha máxima culpa me aventurei por mares nunca dantes navegados, inventariando necessidades nunca dantes cogitadas, e, francamente, já estou velha para tais montanhas-russas de sentimento, coisas que já não aguento e das quais deveria me poupar.

São muitos os desertos que atravesso nesta Páscoa, erva amarga, uma passagem pesada que também há de passar, mas enquanto não passa... francamente, é de amargar — entre eles o deserto político que tantos de nós, brasileiros, estamos sendo obrigados a ultrapassar, amalgamado, é claro, ao meu intenso desejo de mudar.

Mas o destino não anda, tem seu próprio passo para avançar. Não acredito em destino, vocês poderiam me lembrar, e é verdade, algumas das mudanças por que passei me deixaram avessa à espiritualidade, mas a tradição tem sempre muito para ensinar, algo que meu avô, por exemplo, se dedicava a praticar.

Eram boas as páscoas de meu avô, a família reunida, a cantoria, uma alegria que não custava a contaminar, o vinho doce permitido até para nós, crianças; nosso primo mais velho marcava a presença do Profeta Elias, que a cada domicílio judeu visitado acrescentava um gole a seu cérebro já bastante tocado, e nos perguntávamos, "ficará bêbado na noite de Seder o Profeta Elias?" Ríamos. E quanto aos judeus cativos na Rússia, impedidos na época de se esgueirarem de trás da Cortina de Ferro? Se dependesse de cada um de nós, de nossos ocidentais banquetes pascais, o prato vazio a eles dedicado os alimentaria de significados para o resto da vida, pelo menos espiritualmente.

Tudo isso ficou no passado. A cortina de ferro "não existe mais", embora *bloody* Putin venha fazendo o que pode para rependurá-la. Os judeus da Rússia faz tempo deixaram seu cativeiro para trás, muito deles levando consigo sua psique de alcatraz para as santas terras de Israel, onde se tornaram... ah, deixa pra lá, não posso contar o que os russos fizeram quando chegaram lá, de acordo com os malvados comentários da nossa família.

Havia, e há, uma indiscutível sabedoria na ideia de se deixar o tempo passar, deixar a lembrança se apagar, a cicatriz das correntes clarear. E foi essa a premissa de nosso longo atravessar: apenas as mentes livres dos grilhões, isto é, que deles sabiam apenas de ouvir contar, poderiam entrar na Terra Prometida, garantindo um novo começo muito necessário para o sucesso da conquista, pois o trauma da perda, do jugo, como me disse o Alan esta manhã, fica impresso nas ondas do cérebro como a queimadura de um curto-circuito magnético. Atingido pelo raio, o tronco às vezes sobrevive, e até chega a brotar. Mas, mesmo oculto, o dano do fogo permanece.

Quarenta anos, durante os quais o entorno desértico chegaria a se transformar em estilo de vida, se tornando intrínseco, segunda natureza.

Pois qual não foi o meu espanto quando constatei, também esta manhã, que quarenta anos completos se passaram desde que meu avô se foi, num dia de Pessach, levando consigo a alegria do Seder — daquele Seder dos meus primeiros tempos, pelo menos, antes que a vida me obrigasse a migrar solitária pelos áridos desertos do amadurecimento.

Este, portanto, é um Seder marcante, especial, em que a ordem das coisas poderá, se o imponderável se apresentar, finalmente pôr um fim a tantas promessas vagas que nunca abrimos mão de buscar. Afinal de contas, por baixo da ferida a pele custa a cicatrizar, principalmente para os que, como eu, insistem em cavoucar. Mas enquanto houver vida, esta não cessa de se renovar, fiquei séria, desculpem, não deu para escapar.

Bom domingo! *Chag sameach!*

AGRURAS E TORTURAS

Existem semanas, como vocês sabem, carregadas de fatos, como esta, por exemplo, em que em curta sequência de dias um homem é glorificado, traído, abandonado, torturado e morto, para em seguida, antes que a semana termine, tornar-se vivo de novo, ressuscitar, dando novo e maiúsculo significado à ideia de "Transfiguração". Mas tudo isso é história, porque na vida real, como todo mundo sabe, as coisas se desenrolam, muitas vezes, com considerável lentidão.

Pois é. Morreu e, de tão apegado, levou para a vida eterna o corpo, fonte de tantas agruras, mas, cá entre nós, a melhor coisa que temos, por dentro e por fora, responsável pelas mais incríveis sensações, nele incluído o mistério do cérebro, um cinzento amontoado de tripas enroladas que ainda por cima acumula milhares de recordações. E que às vezes, sem que a gente saiba como, nem por que, deixa descarrilhar o trem da sobrevivência, *et voilà*, sobrevêm as doenças e a mortificação.

Devo confessar que hoje penei para engrenar neste ato prosaico e cotidiano de escrever crônica, para mim obrigatório, mas também prazeroso e regenerador (e que Alan considera pura perda de tempo e energia, não custa acrescentar), porque ultimamente, vamos combinar, entrei numa espiral de só pensar em doença que, sem trocadilho, está de matar, ou eu deveria dizer que está me matando?

Seria este um sinal de envelhecimento? Ou de progressivo amortecimento de grandes expectativas e planos?

Por outro lado, fui finalmente liberada com louvor pelo dermatologista, "sem malignidade" nenhuma, alívio, tenho até testado de leve o tal ácido rejuvenescedor, desespero de causa, eu sei.

E por falar em beleza, assisti esta semana a um filme que me tocou, "*Et si on vivait tous ensemble?*", com uma envelhecida Geraldine Chaplin, embora seja sete anos mais jovem que sua companheira de tela, a linda Jane Fonda — cujo sobrenome alguns americanos prefeririam mudar, tirar dele ao menos o "n" apaziguador, sabem como é: Hanói Jane, entreguista e traidora, uma vadia de arrepiar, mas mesmo assim uma linda e charmosa senhora.

Trata de cinco amigos em franco processo de, hum, deterioração, decadência, decrepitação, todos ainda com a ilusão de estarem por cima da carne seca, literalmente, com a exceção, como logo descobriremos, da já mencionada Jane, uma acadêmica americana radicada na França que no filme se chama Jeanne.

Quando o único amigo solteiro sofre um ataque cardíaco, e é ameaçado pelo filho de ser posto num asilo de velhos (estamos dando às coisas seus nomes reais, já não temos tempo nem disposição para inúteis eufemismos), os cinco decidem ir morar juntos numa bela casa no campo, e para viabilizar a aventura se associam a um enólogo, ops, etnólogo alemão — o excelente Daniel Brühl, que de passeador de cães se transforma num misto de enfermeiro da turma e acadêmico em pesquisa de campo, tendo a velhice como objeto de estudo.

Todos os personagens são extremamente charmosos, como em todo filme francês, vocês se lembram, até no terrível "*Amour*" os personagens são charmosos, vamos combinar. E, como em quase todo filme francês, o sexo tem prioridade sobre os demais temas (e por que não teria, não é mesmo?). Jeanne, que oculta de todos sua grave condição de saúde — revelada pelo médico, à sua revelia, apenas ao marido, que, para sorte dela, se esquece de tudo o tempo todo —, compartilha com o jovem alemão belas caminhadas no bosque e conversas eivadas de intimidade, "os velhos também têm sexualidade, você sabia?" Conta a ele, calma e transparente, que embora o sexo com seu marido seja raridade, ainda se masturba com frequência, pensando num antigo amante, que, por nenhuma coincidência, é o amigo solteiro que mora com eles. O que me lembrou (como se eu pudesse me esquecer, ainda que por um segundo) uma coisa que vem me incomodando e da qual tampouco se fala publicamente: o ressecamento da vagina com o decorrer da idade (parênteses para o ressecamento da vagina, francamente, nunca imaginei que fosse passar por isso, mas fui tranquilizada pelo ginecologista com a receita de um gel incrível, que uma vez aplicado dura três dias e que, segundo ele me conta, todo animado, "toda a mulherada está usando antes de sair para o final de semana em Búzios"; como é fácil de entender, estando como estou preocupada com morte e doença, ainda não deu para experimentar o moderno milagre da hidratação íntima).

Pois é. Não fica claro qual é o problema de Jeanne, mas desconfio que seja câncer de ovário, minha hipocondria do momento (embora haja boa chance de não passar de uma cistite mal curada ou uma vagina meio ressecada — muito pouco, o médico enfatiza —, isso também tem me incomodado bastante). Quando chega a hora, sente uma dor forte, desmaia, cai de cama, recebe a morfina redentora, o carinho dos amigos e é enterrada num caixão cor-de-rosa encomendado previamente, ao som tilintante das taças de espumante, nesse caso, em se tratando da França, sendo permitido o termo original, "champagne", que infelizmente não rima na frase com coisa nenhuma.

Devo confessar que, se fosse o caso, é como eu também gostaria de abordar este árido assunto: pessoalmente, sem medicina, e com muito espumante e morfina.

Não sei se conseguiria. Quando se trata da nossa própria morte, a opção por um estilo próprio é quase tão proibida quanto a abertura pra se falar de sexo, sexo real, não aquele praticado em midiáticos clubes pornôs, aí incluídos vídeos explícitos, fotos de revistas, mensagens de celular e conversas em redes sociais, se é que vocês me entendem.

Em áspero contraste com a leveza do filme, estou lendo no meu Kindle o contundente *Memoir of a Debulked Woman* [algo como *Memórias de uma mulher estripada*], de Susan Gubar, considerado pelo *NY Times* um dos 100 melhores livros de 2013 — ou 2012, não sei direito —, alguém aí pode me explicar por que, além de me mortificar, ainda encontrei um jeito de descolar um livro como esse? Duvido. Nem Freud. É de amargar. Mas pode até ser que a própria Susan, afeita ao magistério, viesse a elucidar o mistério, uma boa justificativa para prosseguir lendo o livro: "Talvez sentir intensamente o medo pudesse ser catártico, o obrigando a afrouxar seu aperto".

Tendo enfrentado torturas terríveis desde o tardio diagnóstico de câncer em 2008, Susan Gubar, pelo que pude apurar, continua viva, ainda bem, ah, agora me lembrei, li na semana passada uma crônica dela sobre câncer de ovário na coluna "Well" do *NY Times*, que, aliás, nunca publica nada para quem se sente "bem", tá doido, sô. E pelo que pude verificar também, pouca gente suportou ler o livro, nem mesmo os resenhistas parecem ter passado do primeiro capítulo.

De comum com Susan, além da ascendência judaica, da idílica casa envidraçada, do marido dedicado (embora o meu não tão manso como ela retrata) e do gosto por relatar a rotina esmiuçada, espero não ter mais nada. Ou, minto, compartilho com ela o desejo expresso na última parada, que li no final do seu livro sem ter lido o resto do relato, de "que alguém ache um jeito de me administrar uma overdosezinha enquanto o lento movimento de um dos últimos quartetos de Beethoven soa aos meus ouvidos". É isso aí.

Uma boa Páscoa procês, sem neurose nenhuma para atrapalhar. Chocolate pode ajudar. Tchau!

O país dos feriados

Eu vinha dirigindo pela União Indústria, voltando com o Alan de uma consulta com a dentista (lembrando, tinha quebrado um dente antes dessa série longuíssima dos últimos feriados, e com a nossa dentista fora da cidade, por conta do decreto dos folgados, passado um tempão lidando com a língua na rachadura afiada), quando decidi perguntar:

— Alan, quantos feriados tem por ano nos Estados Unidos?

— *Hmm, let's see... Four, I think. Thanksgiving, New Year's Day, President's Day, Veteran's Day. Maybe Christmas.*

— Uai, não tem Sexta-Feira Santa?

Ele comenta que os EUA não são um país católico.

— E Primeiro de Maio?

Ah, primeiro de maio é coisa de país comunista. Nos EUA até tem o Labor Day, mas cai na primeira segunda-feira de setembro. Ano que vem coincidirá com o nosso Dia da Independência, será um sinal?

Há outros feriados, é claro, a maioria locais. E ele ainda esqueceu o 4th of July e o Memorial Day, a memória não tá lá essas coisas, mas nenhum deles implica em que não se trabalhe, se folgue geral. E se for pra folgar, grande parte cai sempre numa segunda-feira; isto é, enforcar, nem pensar. A Sexta-Feira

Negra, que se segue ao dia de Ação de Graças, e que o Brasil ultimamente tem feito o que pode para adotar (mais uma sexta enforcada), é o dia em que mais se trabalha no ano inteiro, seja para vender, seja para comprar.

Pois é. Nem é que nada disso me afete — a não ser, é claro, pela enxurrada de "turistas" no nosso Hortomercado, que me força a fazer compras fora do *rush* do feriado —, já que trabalho aos sábados, domingos e dias santos. Às vezes folgo às segundas-feiras, quando o domingo foi muito carregado, mas, vamos combinar, este ano o calendário está pegando pesado.

Esta Semana Santa, por exemplo, emendada com Tiradentes e São Jorge — gente, é muito santo sacrificado numa só sequência de feriados — foi mais comprida do que muitos períodos de férias inteiras nos Estados Unidos, um país onde realmente se trabalha, ah, e onde frequentemente se vê disso os resultados. E com apenas um breve intervalo de sete dias, segue-se outra série de quatro, desta vez pelo primeiro de maio, nem Mao aguenta.

E a Copa também vem aí, nossa mãe. Este ano, tá combinado: ninguém vai trabalhar, nem obrigado.

Tampouco sou contra essa filosofia de um povo descansado, devo confessar. Eu é que preciso cortar um dobrado, aqui em casa se eu não trabalho não tem ninguém pra bancar as contas, sabem como é. Mas que cansa, cansa. Até mesmo a mania de doença deve estar sendo causada pelo estresse, de tanto que cansa. E quero muito mudar.

Trabalhar de sol a sol, chova ou faça sol, sem parar nem pra vadiar e sem nem um minuto disposta a desconectar, faz mesmo muito mal. E tem afetado profunda e negativamente a minha vida, meu casamento, tudo. Arruinou até as belas férias em Paris, não sei se já contei, pois ver-me assim de repente sem nenhum compromisso me deixou num vazio inclemente, um tédio inebriante que nem a generosa oferta de lazer, prazer e cultura do lado de fora do apartamento conseguiu preencher.

Quanto ao Brasil, muita gente ainda não sabe, mas é com certeza o país do futuro, sério mesmo. Esta semana, por exemplo, tal vanguardismo se afirmou, quando inflamados protestos na mídia americana lamentaram a ideia de jerico da comissão instituída pelo governo Obama, que planeja permitir aos provedores de acesso um preço diferenciado pelo uso das "avenidas de informação". Coitados. Não leram o nosso avançado projeto aprovado, o Marco Civil da Internet, e ficam aí, perdendo tempo com propostas inúteis, retrógradas, na contramão das modernas tendências financeiras.

Não sei se vocês se lembram, mas o próprio Obama já foi bem mais esperto, quando em seu primeiro discurso de posse em janeiro de 2009 plagiou a milagrosa sabedoria brasileira (sem citar o santo, claro), e deu o maior samba: "A partir de hoje, a gente se levanta, sacode a poeira, e dá a volta por cima para reconstruir a América", no original "*Starting today, we must pick ourselves up, dust ourselves off, and begin again the work of remaking America*", juro por deus, podem conferir. Fiquei tão espantada escutando o discurso ao vivo que até registrei o feito no meu livro da hora, *Luau Americano*.

Voltando à coisa dos feriados brasileiros, e mais, da mania de enforcar dias de trabalho, que acaba resultando (para os honestos dentre nós) numa obrigatória e desonrosa pendura, quero lembrar aquele sujeito que predisse que no futuro, com o avanço da tecnologia, todo mundo trabalharia menos, nossa, parece que estava tão horrivelmente equivocado que nem merece que se mencione seu nome, pois no Google não encontrei nada, mas aí é que entra a profunda experiência do Brasil, entenderam? Estamos lá na frente, enquanto atrás da gente o resto da humanidade chafurda no excesso de atividade. E tome de feriadão.

Por outro lado, é bem verdade que nada disso, digo, trabalhar demais ou curtir um excesso de feriados, tem importância nenhuma nestes ávidos tempos arriscados, pois, segundo Alan, e várias outras fontes, Vlado Putin está solidamente empenhado em começar logo de uma vez a Terceira Guerra Mundial, tá ruça a coisa, vejam vocês com o que tenho de conviver... não é à toa que me refugio no excesso de trabalho, pois basta eu me dispor a ter um tempo qualquer para uma conversa amigável e ele tenta me convencer, por amaisbê, que o futuro da humanidade já está traçado. E não é nada dourado.

E aí é que entra outro desses famosos profetas frustrados, confiram só o que encontrei pesquisando para esta crônica na internet, vocês sabem, aproveitando enquanto ainda posso pagar pelo acesso liberado: Guglielmo Marconi, o inventor do rádio, afirmou que "o advento da era sem fio tornará a guerra impossível, porque a tornará ridícula". Bem que eu gostaria que ele não estivesse errado, já o Alan...

É isso aí. Um bom domingo procês.

Traduttori, trattoria

Uma das fontes mais agoniantes desta crise profunda que tenho enfrentado, pior que a velhice, que a dor do lado e os dutos ressecados, é minha mania recente de desejar ardentemente viver (e vencer) nos Estados Unidos.

Não sei o que me deu (mas garanto que muita gente por aí afora sabe). Há quase dez anos venho vivendo calmamente com metade da minha psique nos... Estados Unidos, visto que convivo diariamente com um exigente cidadão daquele país que nunca aprendeu uma palavra de português (exagero: ele diz "boitarde", "obirgado", "baniero" e, claro, "cachaciero"; esta semana, com as loucuras de preços da Copa, enriqueceu o léxico com "bôla"). Quanto a mim, em vez de melhorar, confesso que a prolongada intimidade tem piorado o meu inglês, precisando como nunca de uma escovada boa.

Tentei entrar na América pela porta dos fundos como todo mundo faz, isto é, com dinheiro no bolso e ainda sobrando para um bom fundo, mas nada deu certo por esse lado. Não vendi minha casa, que financiaria a casa do outro lado, e ainda tive que abrir mão do terreno em Greenville que nem cheguei a adquirir, fiquei tristíssima, mas, pensando bem, tudo tem um lado bom, não é mesmo? Vai ver tem um "anjo da guarda" me segurando no Brasil, ou então é a velha "âncora" de sempre, disfarçada sutilmente em imperceptível autossabotagem.

Acabei deprimida, não teve jeito. Daí comecei a pensar que talvez devesse fazer as coisas de outro jeito, entrar nos Estados Unidos pela porta da frente, por exemplo, com pelo menos um livro publicado, uma audiência razoável e um blog de crônicas regularmente atualizado. Fácil, não?

Meu primeiro passo então foi contratar uma boa "tradutora pessoal", que pudesse me ajudar a construir sem muito penar a minha "persona" americana. Claro que tudo isso só veio à tona por um único motivo: como traduzimos alguns títulos da KBR, acabei topando com uma tradutora que poderia com tranquilidade me prestar esse complicado serviço. Bem, tem outro motivo também, mas esse ainda não estou pronta para revelar, porque minha sorte é tanta, mas tanta, que um prêmio de loteria aí cujo bilhete encomendei em outubro e que deveria sair premiado neste abril passado está pendente até hoje, por problemas de saúde da presidente da comissão sorteadora, loteria literária, claro. E tome de ansiedade, não é mesmo? A decepção final, que seria apenas uma breve contrariedade, tem se mantido em suspenso por problemas bastante alheios à minha vontade, fazer o quê.

Começamos, E. M. e eu. Antes devo esclarecer, para o bem das duas e felicidade geral da nossa mútua pretensão, que ela é excelente, muito paciente, nativa nos dois idiomas e ainda com um nível cultural que considero excepcional — claro, ou não seria a minha tradutora, e tenho que escrever isso de qualquer maneira, vocês me entendem, pois além de ela poder estar lendo esta crônica ainda há chance de que virá a traduzi-la um dia. Que saia justa, hein?

Uma vez perguntei ao Daniel Galera, que tinha feito uma excelente tradução para o português de um de meus livros favoritos, aquele cujo título no cinema se resumiu em "Tão longe, tão perto", se ele havia trocado informações com o autor, Jonathan Safran Foer, a respeito de determinada passagem bastante intrigante, que, claro, não consta do filme. O personagem do avô, refugiado de guerra, não fala, devido ao trauma só se expressa por escrito, e isso resulta em passagens e soluções literárias brilhantes no livro, impossíveis de se tornarem cinema, mas no trecho específico de que estou falando o personagem chega sozinho ao aeroporto e precisa ligar para a esposa. Como nos Estados Unidos os teclados de telefone incluíam letras e números (isso tudo anterior ao celular e sms, ou a dificuldade não faria nenhum sentido), ele "disca" tudo o que queria dizer, e no livro, como na vida, o texto vem "transcrito" em números, como isso poderia ser "traduzido"? Galera me garantiu que Safran Foer disse a ele que os números eram aleatórios, caso em que dispensariam tradução, mas eu, que sou carne de pescoço, juro que identifiquei um ou outro "eu te amo". Em inglês isso seria "4 5683 968", mas, em português, já seria "38 83 266". Agora imaginem multiplicado por várias páginas. Ui.

Há casos clássicos onde os tradutores já se consideram de antemão traidores, como ocorre com James Joyce, a quem, é claro, eu não me comparo — a não ser em profundos pensamentos —, e cujas várias versões em português, cada uma com seus próprios pecados, comparei no meu livro *Santa Molly* (deixei de fora a de Caetano Galindo, que é posterior ao meu livro e não cheguei a conferir).

Com James Joyce eu nunca poderia ter conversado a respeito, mas com Safran Foer, bem, talvez até houvesse possibilidade. E embora na KBR eu tenha traduzido alguns autores para o inglês, nunca perguntei como eles realmente se sentem com relação à experiência, mas eu, quando me vi — e me vejo — em outra língua, fico invariavelmente incomodada, é como se me visse pelada em público, ou vestida de homem, sei lá, com toda a minha miséria revelada. Um choque.

A coisa se torna consideravelmente piorada se levarmos em conta dois agravantes: um, que eu acredito que escrevo em inglês, e, por isso, nunca deixo de "editar" a querida tradutora, minha "doppelgänger americana"; o outro, mais sério ainda, é que cada crônica traduzida desencadeia uma crise conjugal, o que demanda uma explicação adicional.

Embora a tradutora entenda muito bem a minha mistura de ironia com assuntos sérios, eivada de citações e sutis apelações, incluindo todo tipo de rimas e trocadilhos nem sempre aproveitáveis em inglês, digo, quase nunca, Alan quer que a minha escrita de primeiro mundo seja mais elevada, intelectual, desnuançada, o que sempre resulta em roubada, de duas, uma: ou ele duvida da minha capacidade literária ou afirma ter certeza de que eu deveria esquecer a maldita pretensão a ser publicada, de um jeito ou de outro uma dor danada.

Acabo forçada a me incluir no rol dos "intraduzíveis", mas, como isso implica numa frustração bem mais aprofundada, dando um golpe de misericórdia no meu desejo de ter acesso à porta de entrada, vou adiando, poupando ao resto do mundo a minha sentida e inevitável ausência.

E como não creio em coincidências, *pero que las hay, las hay*, enquanto escrevia esta crônica recebi por email o resultado negativo daquela proposta de tradução literpária, ops, literária (se vira para traduzir isso, Mrs. M.!), que mencionei lá em cima. Enquanto eu pesquisava a tal bolsa americana, percebi que no ano passado quem acabou laureada foi uma autora falecida em mil oitocentos e poucos, bem, aí a concorrência fica muito ampliada, endurece ainda mais a parada. Isso, pra nem mencionar que em email enviado pela própria presidente do triunvirato universitário ela mesma me informa que não lê português, aliás, nenhuma das três, então, me pergunto, e Alan também: como será que fui avaliada? Ah, melhor esquecer. Tudo acaba em pizza de qualquer maneira. Ou em porre.

Bom, termino a crônica parafraseando Obama, até que me acostume a pensar (e escrever) como uma verdadeira americana: "Levanto, sacudo a poeira, dou a volta por cima".

E um bom domingo procês.

O MAL-ESTAR DA PETIZAÇÃO

O silêncio é uma característica das sociedades mais avançadas,
ele "fala" do respeito ao próximo.
Arthur Dapieve, para *O Globo*

Tive uma semana difícil, além da crescente sensação de estar presa numa panela de pressão cheia de merda prestes a explodir. Pelo que pude apurar, o Brasil, num momento de ele próprio julgar, escolher e punir, está se radicalizando, se dividindo entre duas correntes de comportamento, e não estou me referindo à clássica divisão entre direita e esquerda, entre oposição e situação, entre dois ou mais times que em breve se enfrentarão democraticamente, caso em que apenas a "hooliganização" das opiniões seria motivo para a gente se preocupar.

De um lado, estão os que estão pensando — como uma amiga de quem gosto muito, e que numa boa conversa até me aliviou temporariamente dos medos que estão me incomodando — que "quanto mais merda, melhor", pois, segundo acreditam firmemente, dos escombros de todos esses escândalos surgirá finalmente uma sociedade mais limpa, íntegra, uma justiça funcionando, mais ou menos como a pele nova que está se formando por baixo da descamação provocada por um ácido contundente que nos corrói, mas, inteligente, corrói apenas a velhice, a feiura, tudo que não presta e que não podemos apreciar.

De outro, pouco valendo uma menção, pois vamos ficando mais fortes na convicção de que certamente sairão perdendo, estão os que apreciam a situação, justificam os crimes evidentes com algum mal-ajambrado assistencialismo de ocasião. Usam como arma a culpa intrínseca dos "bem-nascidos", que, "como sempre na história deste país", estariam sugando uma energia que deveria ser redistribuída para os menos favorecidos.

Mas quem seriam os menos favorecidos? Aqueles que, "por insistência do destino" são mantidos na indigência, carentes de tudo, sem saúde, trabalho ou cultura? Ou aqueles que, infelizmente, por uma espécie de "loteria genética" além de nosso controle humano, vieram a este mundo desprovidos de inteligência, curiosidade, criatividade e sede de conhecimento, coisas que, para mim, são os verdadeiros motores do mundo?

Muito além do nosso umbigo, a "pulverização de fortunas" vem sendo apontada por gente especializada como a única solução para os males do mundo, é verdade. Confesso a minha perplexidade. Não entendo as agressivas baterias voltadas contra a "elite" por quem dela tanto se beneficiou, queridinhos, privilegiados da mídia, que herdaram, sim, não só a fortuna física, como também uma "superioridade cultural" cultivada no lar original. Ah, deve ser a velha premissa DDO — dinheiro dos outros.

Quem sabe, ao contrário, a possibilidade de acumular fortuna e transmiti-la aos descendentes seja, em vez de uma ameaça, um incentivo à produtividade e autorrealização humanas? Não vejo, sinceramente, por que a fortuna pessoal deveria ser por princípio um crime convenientemente punido com a pena de morte — morte ao dinheiro! — por quem tem sede de "igualdade social".

A não ser, é claro, as múltiplas fortunas amealhadas criminosamente pelos próprios arautos desta "justiça do trabalhador pobre", que têm ofendido e enxovalhado o nosso empobrecido cotidiano, meu deus, como é que ninguém enxerga que quanto maior a interferência em nossas vidas privadas maior a possibilidade de corrupção?

Estamos sendo vítimas de um turbilhão de desigualda-
des, sim, de uma ditadura dos incompetentes, isso sim, do ím-
peto vingativo de gente que de outra maneira não conseguiria
subir na vida, aproveitadores, redes de parentes, dos que se tornaram excessivamente poderosos.

Convenhamos. Grandes fortunas contemporâneas, as
maiores, vêm sendo construídas rapidamente por gente que, de
seu, no princípio da vida, só tinha mesmo um cérebro hiperativo
e empreendedor — e acumuladas tão rapidamente que o Estado
controlador nem consegue acompanhar os novos caminhos que
descobrem, como a economia online, por exemplo, que cresceu
exponencialmente antes que a conseguissem sufocar, bom pra
ela. São as inspiradoras "fortunas de garagem", que aqui no Brasil, infelizmente, não encontram cenário encorajador, ceifadas
pela raiz por um emaranhado de regulamentos protecionistas
e leis que impossibilitam a livre iniciativa, a integração com o
resto do mundo, a mera criatividade de quem tem alguma vontade de realizar algo, digo, de quem consegue, apesar da pressão
impositiva, "enxergar fora da caixa". Não estou falando, é claro,
de quem se aproveita de qualquer brecha para desviar o caixa.

Tristes tempos. Tempos violentos.

Meu medo maior é que a nossa revolta seja inútil, que o
mal engendrado por esse assistencialismo fútil esteja infiltrado
em nossas melhores correntes de pensamento, como um câncer
em avançado estado de metástase embora invisível superficial-
mente, uma sociedade dos desfavorecidos, em outras palavras,
uma ditadura do desfavorecimento, movida única e exclusiva-
mente pelo ódio à sua condição subalterna que por mérito próprio não conseguem superar.

Gente bem-intencionada (ou não) tem sonhado com uma
teórica justiça social que teria como base um impulso destrutivo
contra tudo que hoje em dia consideramos "bem-sucedido". Não me
saem da mente as cenas aterrorizantes da turba insana invadindo
palácios e decepando cabeças, arrastando em seu tsunami justicei-
ro monumentos milenares, símbolos de beleza, de humana riqueza,
material e intelectual, em suma, serei rasteira: uma aristocracia da
estupidez. Quem iria gostar de viver num mundo assim?

O que estão nos impondo, ou querendo nos impor, é uma sociedade que mais do que tudo valorizará a mediocridade. E isso tem me causado um pânico tão grande que a simples menção de palavras-chave como "igualdade, oportunidade, programa, compromisso, comunidade, sustentabilidade" me provoca arrepios.

Tudo o que quero é um Estado que fique calado. Trabalhe com transparência, é claro, honestidade é bom, eu pratico e gosto. Mas com discrição, sem alardear aos quatro ventos sua incômoda presença, como uma viúva carente. Dar a quem precisa um bem-estar básico, saúde, comida, educação e tranquilidade cotidiana, tudo bem, não passa de obrigação. Mas deixando livres aqueles que verdadeiramente constroem as melhores possibilidades de sobrevivência no futuro, os que criam, os que ousam, os que produzem, a "elite pensante", o "gene inteligente". Que, obviamente, não pode ser julgado e controlado por quem é incompetente e só pensa na melhor maneira de se apoderar do que não lhe pertence.

Longa vida aos generosos, aos que com sua mente nos levam para frente, sem se importar com o fato de que atrás vem gente. E estamos conversados.

Um bom domingo procês.

O SEGUNDO CÉREBRO

Quem me lê com frequência sabe que uma das minhas maiores preocupações é a quase certa futura (e próxima) disfunção do cérebro devido à herança do alzheimer de mamãe, mas, aparentemente, tenho me focado no problema errado.

A ciência, como todos sabem, faz tempo tem classificado os intestinos como "segundo cérebro" e, francamente, é aí que as coisas parecem ir de verdade para o brejo. No outro dia um de meus amigos prediletos, por quem tive até uma quedinha no ano passado, declarou que tem quantidade de gases razoável para a idade. Mas outro amigo, desta vez um por quem arrastei um bonde no passado e com quem me diverti um bocado, confessou que há coisa de uns dois anos percebeu ter se tornado um "saco ambulante de peidos", ok, desculpem a linguagem pesada, mas se preparem: até o final desta crônica muita gente vai se arrepender de eu ter me desculpado.

Esse mesmo amigo por quem fui tão apaixonada, chamemo-lo "Mr. M", era bem louco na juventude, vamos combinar. Com o tempo foi se tornando mais moderado, limitando-se a um esporádico baseado, ah, deveria ter tido paciência o meu ex-amado, já que num futuro breve, como em todo o mundo os países têm divulgado, o uso de *cannabis* será completamente liberado, oba. Aqui no Brasil, a ANVISA já deu a "largada" para a liberação total... pela porta dos fundos, como sempre acontece, sabem como é (e o que seria o propagado segundo cérebro, senão a enrolação que antecede a nossa "porta dos fundos"?).

Pois imaginem que ao ultrapassar uma certa idade, desesperançado, meu amigo começou a beber, a exagerar na bebida, digo. Até aí, nada demais. Mas em nosso encontro mais recente me confessou, entre divertido e humilhado, que quando bebe demais os intestinos o têm, no mínimo, embaraçado. No outro dia, imaginem, escapou por um triz de virar viral no YouTube, quando, visivelmente tocado, deixou escapar da ponta de seu rabo... bem, já deu pra entender. O tapete persa teve que ser urgentemente enviado à lavanderia, com a habitual desculpa do cachorro mal-educado, vocês me entendem.

Quanto a mim, muita gente sabe que cultivo o hábito matinal de trabalhar no "escritório" reservado do segundo andar. Mas, ultimamente, minhas sessões por lá têm se prolongado um bocado, frequentemente com um resultado frustrado. Frustração, aliás, tem sido meu nome do meio. Todas as minhas brilhantes ideias acabam mais cedo do que tarde sendo materializadas... embora, infelizmente, por outras pessoas, pior, sempre fora do Brasil, como foi o caso esta semana de nossa excelente série *Singles K*, que venho tentando inutilmente oferecer aos leitores em forma de assinatura, um alto nível de expectativa que já está em seus estertores, devo confessar. Tô quase desistindo, mas, se desistisse, que vida me restaria?

Voltando ao "escritório": em outros tempos, eu lia o *Globo* impresso em meu espaço sagrado, como tanta gente fazia. Depois, passei a ler o *Globo* na internet, editar as crônicas do dia, e, em certos dias, devo confessar, chego até a diagramar algum novo livro, enquanto aguardo o assunto se desenrolar. É de amargar. Num episódio recente fiquei seriamente preocupada com os rumos da minha saúde, e um dos sintomas era um intestino sempre me lembrando que estava lá, fosse falando ou se recusando a se expressar. Em matéria de cérebro, francamente, é com este que devemos nos preocupar.

E não é só isso, nem é só esse folclore que pouca gente se atreve a relatar. No outro dia fiquei sabendo de uma coisa de arrepiar: nos "lares de idosos" é considerado uma vantagem o paciente ser "ostomizado", ah, vocês não querem saber o que quer dizer ostomizado, e não sou eu que irei contar. Vai ao Google, deixa de preguiça. De preguiçoso na idade madura basta o... deixa pra lá. Até pacientes de câncer em estado avançado às vezes se preocupam menos com a doença do que com a humilhação que isso pode causar, e dá pra entender muito bem.

Agora, vocês podem me perguntar, com tanta coisa séria acontecendo, por que fui optar por um tema tão instigante como o desta crônica?

Bem. Depois que Veríssimo — em sua coluna no *Globo*, sempre ele —, comentou um livro sobre uma hipotética volta de Hitler sob o título *Volta, volta!* — ui, arrepio —, nenhuma metáfora pode ser considerada excessiva, o que inclui a noção nada sutil de que o Brasil anda sendo governado por... uma espécie de "segundo cérebro", sim, é isso mesmo que vocês estão pensando.

Estamos numa merda de dar gosto, meus amigos, e não estou falando de cocô boiando na Baía de Guanabara, não, nada disso, embora esse assunto tenha sido destaque na impressa internacional também esta semana, gente, nossa, a ideia petista de mostrar o Brazil ao mundo como uma sociedade avançadíssima parece que está escorrendo pelo esgoto, junto com a descarga, digo.

Também, convenhamos, o povo não está ajudando, com tantas greves e episódios incendiários bem às vésperas da Copa do Mundo, isso, pra nem mencionar as latrinas voando. Segundo cérebro, estou falando.

Ou, como diria mamãe, entre a merda e a bosta...

Agora, falando sério, eu faria a mala e sairia correndo, mas tá tudo tão parado que acabei sem a grana da passagem, o "síndico do meu tédio" — achado brilhante do Chico, aliás — sendo o menor dos meus problemas atualmente. Embora, claro, ainda me restem milhas, afinal, pertenço à eterna classe dos clássicos endinheirados.

O que me consola é que no meu jardim lá fora o alecrim continua vivo, as rosas perfumadas, viu, e abundantes, nem aí para os disparates do nosso Brasil.

Só a natureza salva. Fui.

E um bom domingo procês.

Entre amigas

Bem, eu não deveria cuspir assim no prato em que continuo comendo, eu sei, e não estou falando das benesses deste governo, porque nesse bananal eu nunca me imiscuí, ainda bem. Mas era meu dia livre, saí, tomei um goró no meu bar predileto — um uísque, digo, e escocês, sou da elite e dela não abro mão, nem por isso darei meu voto a Dilma Roussef entre cascatas de lagosta e salmão, sabem como é, levando a boa vida, e os trabalhadores, aqui, ó! (Quem viu Fellini saberá do que estou falando.)

Antes de sair eu estava no banheiro, lendo no *NY Times* um artigo sobre o mais recente abuso de poder de meu guru derradeiro, juro que depois dele nunca mais bato cabeça pra ninguém — quanto mais sobe a cavalgadura, mais dura a queda do cavalo branco, vocês me entendem: Jeff Bezos, ao que parece, anda tentando dar uma leve cuspidinha no prato em que comeu (devo ser delicada, pois devo muito a ele e não desejo ser ingrata), e na minha sempre devotada opinião não está se saindo nada bem (ou será que vai vencer esta também?). Que mundo.

Não sei se já compartilhei, mas todo o negócio da Amazon nasceu baseado, nos velhos tempos de garagem, não no amor de seu mentor pelos livros, nada disso, mas pela praticidade do registro no ISBN, isso é história, todo mundo sabe. Vai daí que depois de alguns anos de um baita prejuízo para sua base capitalista (assim caminha a americanidade), revolucionou uma indústria que se julgava acima de qualquer contemporaneidade, isso mesmo, a dos livros.

Foi um arraso. E rapidinho o que era um nicho perdido de mercado foi se chegando à tendência, *et voilà*, em vez de se atirar no desfiladeiro da falência, eis que ressurgiu das cinzas um novo jeito de ler-se um livro: no Kindle e em seus múltiplos aplicativos.

Fosse por mim e tudo estaria resolvido, mas parece que não é por aí, ou por que Bezos estaria pegando tão pesado, obrigando grandes editoras a venderem bem barato seus ebooks para Kindle? É uma coisa que jamais entenderei, pois para mim, por princípio, o livro no Kindle já nasce com vocação de preço baixo, afinal de contas, não tem papel, nem estoque, nem frete, nem nada dessas coisas horríveis que oneram a cadeia produtiva, mas não é o que pensam as grandes editoras, obviamente, nem tampouco os autores que veem seu ofício como um jeito de ganhar a vida, o que também é o meu caso. Estaria por trás de tanta ferocidade a ameaçadora perenidade do livro... impresso? Sei lá. É a única coisa que consigo vislumbrar.

Claro que no Brasil a gente custa mais ainda a entender esse tipo de disputa, afinal de contas, a indústria do livro em nosso país é uma das mais inexpressivas — sendo curta e grossa, ninguém lê nada, e quando o faz, ou é um best seller estrangeiro que já virou filme no resto do mundo no qual as editoras nacionais investiram uma fortuna, ufa, ou então, aquele livrinho chinfrim, cheio de erros crassos que ninguém vê, autopublicado por sua prima ou pela vizinha da esquina. Isso, pra nem mencionar a eterna luta de pequenas editoras para conseguir um pedacinho de céu nas livrarias, sempre entre as nuvens (de poeira). Não sei como é o jogo para as grandes empresas, mas sei que ele existe com certeza, negociata no Brasil nunca é surpresa.

Em todos os casos, o livro digital por aqui, vamos combinar, é o último anel da cauda bem longa da cascavel cultural e o primeiro a ser descartado na próxima troca de pele, mas, afinal de contas, nós viemos aqui para ler ou para profetizar?

Voltando às amigas, sobre as quais nem falei nada ainda. Semana passada, imaginem, larguei o Alan em casa jogado em cima do sofá da sala e me aventurei sozinha, o que não é de meu feitio, por plagas nunca dantes exploradas: fui almoçar com uma "companheira" do passado a quem já não via há uns 20 anos — a não ser no Facebook, é claro — em seu restaurante no Vale das Videiras, logo ali do lado, ó, num lindo canto de mundo onde Judas, já se engalanando para a Copa, trocou suas botas por havaianas verde-amarelas, ao contrário do que vem ocorrendo nos altamente violentos e incendiários centros urbanos.

Ando tão desabituada de sair e ver gente ao vivo que, devo confessar, quando fui me arrumar, o batom estava seco, o lápis de sobrancelha trincado e a escova do rímel ressecada, tudo claramente visível no lamentável "selfie" que registrou o evento para os cinco minutos seguintes de posteridade, graças a deus já perdido no emaranhado mural de veleidades. Fato é que, lá chegando, acabei me enturmando numa mesa de amigas antigas, onde fiquei sabendo, imaginem só, que meu ex-venerado terapeuta tinha trocado seu consultório por um quiosque em São Conrado — adquirido a princípio para guardar sua asa-delta, me contaram, embora em seu perfil no Facebook eu o veja num parapente.

Fiquei no ar. Antes de mergulhar. Minha sorte é que já não me apoio na terapia como antigamente, muito menos aquelas alternativas que a gente praticava num sítio em Petrópolis, como já contei, na época compartilhado, aliás, pelo parapentista e a dona do restaurante, ex-casal de cuja intimidade privei.

Conversa vai, conversa vem, talvez pela presença inesperada desta que vos escreve (é, eu não tinha sido convidada), o tema na mesa despencou para o assunto livro. Sendo as meninas de elite, sabem como é, estavam todas lendo a mesma autobiografia caríssima de Ingmar Bergman (que em meus tempos de cinéfila eu adorava, um diretor essencialmente autobiográfico, como conta Liv Ullmann em recente documentário), da qual, pensava eu, nunca tinha ouvido falar. Mas tinha. Chegando em casa fui pesquisar, pois é, imaginem se o Google se deixa levar por essa febre de apagar o passado que surgiu como reação ao nosso presente sempre escancarado, e, bem, aos malfeitos ocultados de certos políticos bem posicionados, se bem ou mal-intencionados, não sei, mas, certamente, à cata do (eterno) poder — nem interessa se os apoio ou não, mas, os apoiando, prefiro a transparência, pequei, sim, mas me reabilitei. Tudo muda, vai que a moda pega.

O novo livro de Bergman, no final das contas, era o velho *Lanterna Mágica* de 1989 (pensando bem, Bergman morreu há uns sete anos, na hora não atinei), vendido na Amazon por meros US$13, acrescidos, é claro, do maldito frete caro que estamos querendo evitar assim que a Amazon Brasil começar a vender impressos — uma relíquia ultrapassada que insiste em não se deixar eliminar. Não existe em versão Kindle — que, aliás, nenhuma das leitoras à mesa parece apreciar —, ou eu já estaria lendo. Quanto à edição de luxo que *elas* estavam lendo, trata-se de lançamento recente da chiquérrima Cosac & Naif em português, com prefácio de Woody Allen, disponível por discretos R$89, R$96 se contarmos o frete para Petrópolis, não me entendam mal, estamos falando de dinheiro, não de literatura — como faria Bezos, que, cá entre nós, não veio a este mundo para ilustrar ninguém.

E já que falávamos de Bergman, o assunto à mesa logo descambou para a infância infeliz, a dureza da vida que não raro resulta numa vida transformada em arte, embora raramente em sucesso de vendas. E encerrando o convescote me saí bem mal com os dois clássicos axiomas que, para mim, determinam uma futura carreira literária (não estou sozinha nessa): uma infância difícil e pai ou mãe com, no mínimo, um histórico conflitado, condição que mal pude disfarçar visto que à minha frente sentava-se a antiga amiga e colega de terapia, testemunha de tantas catarses e travesseiros socados quanto prometem minhas mal traçadas mais de três mil páginas publicadas.

Foi bom. E um bom domingo procês.

Síndrome de Tourette

O Brasil está confuso. E eu também.

Juro que hoje, primeiro de junho, mês da Copa, embora não seja adepta de futebol minha melhor intenção era me apresentar arrumadinha, bem-comportada, fazendo o jogo do contente para a turistada. Afinal de contas, sou das pessoas mais qualificadas deste país para fazer isso, isto é, mostrar o Brasil com suas cores mais caprichadas.

Somos um país de merda!

Moro no paraíso. Por mais indignada que esteja, vivo num ambiente onde impera a beleza, a floresta exuberante, a passarada instigante e uma macacada engraçada que a cada manhã vem aproveitar as bananas meio passadas que oferecemos como desjejum. Idílio puro, pra nem mencionar o imponente maciço de granito com um triângulo entalhado que domina a nossa paisagem, um dos maiores do mundo.

Ao meu redor, as pessoas são simpáticas, prestativas. Tentam compensar, com sorrisos e o melhor serviço possível, os descaminhos de um país onde só desajustes, abusos e injustiças têm se manifestado. O depósito de bebidas, por exemplo, gostaria mesmo de manter seus preços inalterados, mas não pode. Há uma inflação artificialmente criada pela majoração de impostos, se é necessária não sei, mas tornou-

-se imperativa pela farra dos gastos nos sendo cuspida a cada vez que saímos de casa.

Gostamos de tomar no cu!

Ah. Mostrar a cara. A cara do Brasil está maculada, e a cada vez que a colocamos para fora podemos estar certos de que lá vem paulada. Mas o brasileiro médio, como alguém pontuou muito bem, não é um sujeito indolente, conformado em ser incompetente, conivente com a corrupção e satisfeito por mostrar ao mundo que fazemos tudo com um jeitinho inconveniente que é idiota, tudo bem, mas é só nosso.

Pois é. Pretendemos a vitrine, mas viramos telhado de vidro. Não que isso tornasse as pedras obrigatórias, bem, a não ser que o que desse pra ver olhando pra dentro fosse exatamente aquilo que a gente se pudesse esconderia.

Se não cagamos na entrada, cagamos na saída!

Claro, eu entendo. O Brasil é enorme, e, evidentemente, tem muita gente contente, sabem como é. Tem gente se apaixonando, trocando de emprego, sendo promovida e com filho nascendo ou se formando. Tem gente publicando livro (e a gente editando, ainda bem) e há filmes estreando, assim como novos capítulos sendo exibidos na novela das oito (que, brasileiramente, começa às nove). Tem gente ficando doente, mas tem também gente se curando. O inverno está chegando, com tardes coloridas, clima ameno e dias mais aconchegantes. A vida segue, impávida, colossal e indiferente. Como sempre foi.

Quanto a mim, eu sei, ando deprimida demais da conta. E são dois os principais motivos para isso: o primeiro, bem mais impactante, é que já passei por muita pauleira neste Brasil que "não é para principiantes", mas pela primeira vez na minha (longa) vida estou com vergonha do país onde cresci, e até da língua em que até hoje escrevi, vergonha do meu marido americano e dos filhos que compartilhamos, e esta sensação é muito humilhante; o segundo, que eu até preferiria nem confessar, para não dar munição aos meus inimigos, é que de alguma forma intuí tudo isso que está acontecendo e por diversos fatores não consegui me evadir a tempo. *Woe is me.*

Padrão Brasil! Brasil bundão!

Mas esta semana, como eu já ia dizendo, pretendia varrer toda a dor para baixo da grama dos estádios ainda sendo plantada (vai dar tempo), pedir ao povo para não reclamar mais de nada, apagar os incêndios, dar cerveja de graça aos manifestantes e distribuir pelos quatro cantos do campo aquela corneta agoniante, caiar as manchas num mutirão retumbante, agitar bandeiras e até, vou bem mais longe, ouvir a discurseira com aparente alegria.

Ah, é verdade. Além de toda a burrice e maldade, a presidente do nosso país é tão covarde que não vai discursar como é praxe nesses eventos internacionais. Sim, amigos. Infelizmente acredito que não há somente o crime e a incompetência, há também a maldade, a leniência, uma espécie injustificável de tolerância imoral no comportamento oficial, um desejo de vingança e um inexplicável impulso autodestrutivo, pois a quem poderia interessar a derrocada pública do Brasil? E a década de doze, de um jeito ou de outro, acabou perdida.

Dilma cagona! Joga ovo podre na Dilma!

Bem. O resultado de tudo isso é que venho tentando há semanas fazer graça com uma situação muito sem graça e venho fracassando miseravelmente. Nem a crônica da semana tem me oferecido algum alívio, logo, fracassei também como cronista, e me afundo cada vez mais a cada tentativa. O Brasil vem me matando aos poucos, vem matando em mim a energia que me faz resistir, sacudir a poeira, seguir em frente enfrentando qualquer brabeira. Não está dando. Estou à beira de me tornar um farrapo humano.

Noutras crises existenciais pelas quais passei havia sempre uma saída me espionando, ou eu não estaria aqui escrevendo hoje, e foram crises duras, meus amigos, cuja solução, no entanto, dependia sempre de mim para comigo mesma: Reage! Sai da cama! Inventa alguma coisa! Eu reagia. Saía. Inventava. E aqui estou, cercada de pássaros e flores, mas nem mesmo este privilégio, conseguido por meu próprio intermédio, está dando conta de conter a minha onda. Há tanto oxigênio lá fora, mas selei as janelas do paraíso e estou me intoxicando com o gás malicioso das más notícias, como todo mundo.

Caga na moita, macacada![1]

O Brasil está me envenenando, e, claro, só estou me entregando porque sou fraca, sem caráter e de difícil discernimento. Ou, por outro lado, ando tão cansada que tenho me deixado cozinhar como aquele sapo cuja história vocês conhecem bem: a água vai esquentando e ele vai suportando, sem que perceba aos poucos se acostumando à própria miséria. Mas não acaba fortalecido, não, deixemos Nietzsche fora disso. Acaba mesmo cozido, digo, termina invariavelmente morto e engolido.

Uso o pouco de energia crítica de que ainda disponho para perceber que o Brasil parece estar sofrendo de uma espécie cívica de Síndrome de Tourette, aquela doença que, apesar de tão triste, acaba provocando o riso de quem a assiste, como rimos também de quem quebra a bacia escorregando numa casca de banana, sabem como é: uma maldade infantil, intrínseca, porém humana, simplesmente humana. E tudo que se tem declarado em público, muitas vezes num impulso mal pensado — ou pelo menos é no que tento acreditar —, termina atraindo a atenção para nossos aspectos mais delinquentes e subservientes, acorda, aí, gigante viciado no fracasso.

O Brasil pensa com o cu e fala pelo rabo!

Francamente. Não consegui ser convincente, nem hipócrita o suficiente para lhes desejar um bom domingo. Hoje começa o mês da Copa, gente! Vamos em frente!

---

1 Nenhum exemplar avariado da vasta fauna brasileira sofreu ofensa ou abuso enquanto eu escrevia. É tudo crônica, se é que vocês me entendem.

120 DIAS DE CISTITE

Alan me pergunta sobre o que pretendo escrever hoje, e grita lá de dentro com a energia de um balde de água fria:

— Ninguém quer saber das suas desventuras urinárias!

É. Ele está certo. Ultimamente, confesso, tenho escrito muito sobre os meus funcionamentos básicos, demais, até — seria um sinal? seria a idade? —, mas, cá entre nós, eu tinha um objetivo nobre, e sabe deus como temos precisado desse tipo de coisa, nobreza, digo. Retidão moral, vocês ainda se lembram.

Como já escrevi, eu tinha adquirido uma cistite chiquérrima em Paris, que, bem, para ser mais suave — um amigo me disse: "seja leve, precisamos de suavidade e esperança", então vou tentar fazer a minha parte —, me deixou não só "na seca", mas totalmente fora de combate por longo tempo, preocupada, indisposta. Deprimida, até, convencida de estar cortejando a morte e sofrendo de algo muito mais sério do que um simples ataque bacteriano, sabem a mente como se torna demente quando a gente mais precisa dela.

Foram quase quatro meses de luta, consultas médicas, três rodadas mortíferas de antibióticos cada vez mais fortes para dar conta daquela intrusão miserável e renitente, e não vou negar que cheguei a pensar que teria que abrir mão do batente, mas, enfim, semana passada fui declarada curada.

Alívio. Estou me sentindo bem.

Tudo isso só pra justificar uns textos de depressão aí, e a minha impressão geral de que estamos vivendo um desespero viral que ninguém sabe bem aonde irá parar, é claro que o meu desespero pessoal teve algo a ver com isso, o que não quer dizer, nem de longe, que eu ache que está tudo bem com a gente, com a política, com o país que tem nos tratado como se fôssemos seus inimigos. Longe de mim, mas eu não ia ser "leve e suave"?

Bom. Enquanto eu estava chegando ao fim da minha fase tormentosa (e por outro lado, involuntariamente casta e virtuosa, embora para uma mulher (bem) casada as coisas não sejam exatamente assim), comecei a editar um livro cujo protagonista não apenas se chamava "Alan", com um ele só, como também era descrito pela garota que o amava como tendo "mãos mágicas", "mãos de cirurgião", "profundamente conscientes... sim, querida, mãos de artista, de cirurgião... exploratórias, igualmente talentosas", ops, aí com estas últimas aspas já enfiei texto adentro o meu próprio romance-verdade *sem graus de separação*, mas, tudo bem.

O caso é que entre um Alan e outro foi me dando uma nostalgia, fui me deixando envolver pela fantasia... tá bem, o livro é envolvente, e, surpreendentemente, bem superior à média do "segmento" que tanto sucesso tem feito ultimamente.

Sua autora tem um dom que embora pareça estar se tornando comum (todo mundo hoje em dia "acha" que escreve, sabem como é) está na verdade se tornando cada vez mais raro: ela dá conta de seu português, chego mesmo a dizer que tem domínio da língua escrita, e isso, vamos combinar, pode fazer a diferença na história que um livro pretende trilhar, pelo menos para mim. E assim me motivou a prosseguir, e a refletir, entre o desejo e a saudade: meninas, eu realmente vivi.

A fantasia, em si, nada tem de ruim. Pelo contrário, é o que nos motiva, muitas vezes, a consumir cultura, arte, literatura, algo que nos permita escapar ao nosso cotidiano e às limitações que nos seguram. Um sonho por si nada tem de ruim, nem mesmo a exaltação da sensualidade em si, ainda me lembro, não faz tanto tempo assim, dei minha própria e poética contribuição ao efeito que um texto gozoso pode causar numa pessoa, quanto melhor o texto, melhor, porque, francamente, estamos correndo um sério risco de condenar a um passado remoto pérolas da literatura, sentimentos de alto grau de erotismo, tudo que algum dia enriqueceu a nossa raça sempre em vias de provocar de dentro de si um sério ato de autodestruição, ui, cadê a leveza? A esperança?

O verdadeiro erotismo nos torna adultos, humanos, e por isso pode e deve ser consumido com gosto, embora o prefira sem tantos dos elementos que hoje em dia o tornam banal, corriqueiro e comercial, um crime contra a nossa própria exótica natureza sexual.

Mas não tão sério, é claro, quanto o atentado à nossa saúde mental representado pelo excesso de pornografia virtual, que, pasmem, está nos espreitando até mesmo de aparentemente inocentes murais no Facebook. Que mundo. Que gente. Que estraga-prazeres que arrebentam tudo, e me digam, para quê? Ganhariam dinheiro com isso de um jeito que não consigo imaginar, ou é só vilania mesmo?

Cansada, encerro o expediente, largo de lado o livro da Andréa e vou dormir, sonhar, talvez, e sonho mesmo. Estou no cinema, e duas fileiras de poltronas atrás da minha escuto a voz de minha tia octogenária, que hoje já nem sai de casa, mas que, como eu, teve seu passado de ardorosa cinéfila e consumidora de cultura: "O mundo está entrando numa fase muito difícil". Olho para o lado e o Alan desapareceu. O cinema está vazio, a não ser por minha tia e por mim. Volto-me para trás e minha tia está roncando, o queixo descaído e a boca entreaberta num esforço involuntário para ingerir algum ar. Estou sozinha, não há ninguém em que possa me apoiar.

Tudo bem. Misturei as emoções do dia, pena, o texto sensual e também amoroso que estou editando impropriamente amalgamado à ameaça de pornografia que tanto me desgostara no Facebook, com relação à qual eu ainda hesitava, não sabia se denunciaria — francamente, são tantos os estímulos, tantos os impulsos e também as possibilidades de ação e reação que, hoje em dia, há um compasso moral que frequentemente nos aponta um norte equivocado, sei lá, deve ser porque a todo momento há uma reversão inesperada das polaridades mentais, e a gente é levada a pensar que o que é horrível não tem nada demais, algo que não ocorria, por exemplo, quando Pasolini existia. E a gente o assistia, bons tempos inocentes, quem diria.

Ok. Basta de sentimentos negativos. Estamos precisando não só de um bom banho (e nem precisa ser frio), mas também de ter "a alma lavada", como diz Andréa em seu livro, que tem me proporcionado uns bons dias de alívio das nossas aflições rotineiras. Ainda está cedo para uma eventual recomendação. Só sai depois da Copa, e seja o que for que eu escrever até lá já terá se apagado, misturado às intensas emoções — positivas, espero, aquelas de que nosso país anda esquecido, e no que depender de mim, torço pra que estejam liberadas. Depois de passada a revoada, ou a temporada de inviáveis patriotadas, voltaremos a ele. Por enquanto, deixo a minha impressão de que seja do que for que a gente estiver falando, se houver amor, se houver verdade, se houver talento e honestidade, tudo terá valido a pena.

Tchau procês. E um bom domingo.

ME PISA QUE EU GOSTO

Desde que me dou por gente, *sorry*, devo confessar, nunca fui de sair e me manifestar, e olhem que na minha adolescência este país era de amargar. Outra coisa pela qual nunca me interessei, e que em alguns momentos cheguei a detestar, matem-me se quiserem, é a tal "cultura do futebol". Custo a saber o que vem a ser um "pênalti", um "escanteio", quase confundo uma "grande área" com a outra, mas quando o pobre Marcelo sem querer fez gol contra, digo, na área contrária, não tive a mínima dúvida. Foi uruca!

Ainda bem que no decorrer da partida a impressão se desfez, ainda que controlada pelo japonês, ufa, e terminamos com a conclusão de praxe e um herói pra nos redimir de tanta sintaxe. Sintaxe futebolística, se é que vocês aí entendem, porque eu, francamente, só ando buscando a melhor rima, e ela foge, cada vez mais rara.

Outro dia no Facebook uma amiga lembrou que este "nosso" (meu, não!) governo conseguiu acabar com duas coisas consideradas indestrutíveis no Brasil: a Petrobras e o prazer de assistir os jogos da Copa. Mas o buraco é muito mais embaixo.

Pois é. Como eu ia dizendo, nos tempos da ditadura nunca fui de ir pra rua, sofria com as parcas notícias, mas me controlava, não ia arriscar o pouco que me consolava, casa, boas roupas, comida e uma família para me acobertar. Além de careta, sempre fui meio covarde e conformista, sabem como é. Pra dizer a verdade, sofro muito mais hoje por aqueles anos de chumbo do que quando os anos realmente se passavam. E sofro, digo mais, porque o que vimos enfrentando nestes últimos anos reaviva a ferida exposta como "nunca antes neste país". Pelo menos, naqueles tempos fatídicos, as posições eram claras, e os absurdos sentidos às claras, embora, paradoxalmente, nunca soubéssemos de verdade o que estava acontecendo nos malditos "porões". Hoje sabemos de tudo, até demais, pelas redes sociais, mas continuamos ignorantes dos verdadeiros objetivos da corja empossada. Seria mesmo só roubar? Custa-me acreditar.

Vejo um certo ódio intrínseco que não consigo explicar, agora sendo ampliado e devolvido na justa medida, "Ei, Dilma vai tomar no...", grossura, eu sei. Mas enquanto for livre, não me calarei. E assim a coisa vai.

Começou com a estranheza quanto à tibieza da festa de abertura, coisa que mal vale a pena comentar. Que vazio de alma seria aquele, pior, que "música" oficial seria aquela sendo impingida aos desacordes no país da música, carente de ginga e de graça quase a tombar do alto do salto? Isso, pra nem mencionar a base da grande bola sobre um papelzinho gabola que, como designer, me ofendeu.

Veio o hino, e ninguém mais conseguiu domar a fera popular: nem o Trio Tétrico na tribuna a nos desdenhar (Blatter, Dilma e Graça, não necessariamente nesta ordem de desgraça), nem tampouco o patrão FIFA, tentando se impor ao jogo do povo. À capela, cantou-se o hino inteiro, foi o que se viu, porque para tudo deve haver um limite, que uma vez atingido elevou à enésima potência o poder da opinião do público. Muito bem.

E o que dizer quanto à presidente? Vaias à parte, já sabíamos que não iria discursar, mas daí a escutar que sua covardia era na verdade uma "imposição da FIFA", francamente, não a fez diminuir, mas aumentar.

Então, o Brasil gastou bilhões, multiplicados pelos bilhões de interesses escusos a nos ordenhar, e em nada "pôde" opinar? Não pôde ou não quis?

Na prática, ao que parece, seremos por um mês governados pela FIFA, mas nós é que estamos pagando o pifa, será isso mesmo? E o "orgulho nacional"? Vai pra FIFA que o partiu.

Verdade, nunca em tempo algum fui dada a esse tipo de patriotada, acho isso chato, fora de moda e coisa de população manipulada, mas a renovada vocação para capacho em que a máxima autoridade se compraz fez nascer em mim uma energia que desconheço, um amor desmedido por uma pátria que já não reconheço e que só não abandonei até hoje por falta de dinheiro e de oportunidade, ou, pelo menos, era o que eu pensava.

Do mesmo jeito que esse governo desacreditou as instituições, e fez tanta gente ter medo de torcer na "Copa das Copas" — grandiosidade é com eles mesmo —, fez o sentimento patriótico recrudescer, quem diria. Mas contra todos esses que nos fizeram passar por tudo isso, pelo menos assim espero E nesse tudo incluo o constrangimento internacional, o contrato assinado para nos tirar a vontade soberana nacional, e que, acredito, estará limitado ao circunscrito espaço de meia dúzia de estádios. Mas é um símbolo viral do mal que esta gente pode nos fazer, como assim, aceitar tudo?

Desculpem, amigos, mas não estou numa boa fase, vítima talvez de uma temporada radical da qual, por mais que eu deseje, não estou conseguindo me libertar. Tenho admirado outros cronistas, capazes mais do que eu de encontrar sua graça em colocações mais propícias, e com isso proporcionando algum conforto, um consolo para mim, algo devido, talvez, quem sabe, a não estarem como eu 24 horas por dia sob constante ameaça de jugo estrangeiro, tudo conspirando para se tornar um simples confronto de culturas onde talvez, no fim das contas, a paixão de viver esteja gritando falta.

Tenho certeza de que quando meu coração se acalmar darei o devido desprezo a esses terríveis impulsos nacionalistas nos quais me desconheço, a esse estresse memorialista que tem dia após dia me roubado a razão.

Isso também há de passar. Vamos torcer.

E um bom domingo procês.

Bate-papo no paraíso

Se tem uma coisa que a gente imagina no paraíso — isto é, se é que esse negócio de paraíso existe —, além de tórridas e intermináveis noites de gozo sem nenhum cansaço ou enjoo, é passar uma tarde inteira jogando conversa fora com amigos. Ao vivo, é, porque hoje em dia, sabem como é, esta distinção é fundamental.

De uns tempos para cá, eu, que tinha um permanente complexo de rejeitadinha, passei a me *sentir* poderosa, popular, com mais de três mil amigos — embora nunca ao vivo, claro —, mas antes que isso acontecesse, recém chegada ao Vale e estando bastante isolada sem ter muito para inventar, via com gula inexplicável aquele casal com quem cruzava de vez em quando, nas minhas caminhadas exploratórias em nosso paraíso real — não espalhem: não moramos no Brasil, mas...

Disse para o Alan, "Ainda vou ser amiga daquela mulher", ah, é, vocês não sabem como é difícil para mim sair da toca, ainda mais pra "bater um papo assim gostoso com alguém", coisa que não faço nunca e tenho feito cada vez menos, com o perdão da contradição.

Muita coisa se passou desde então. Virei meio *workaholic* e enfiei na editora toda a minha frustração, frustração social, é claro, porque de resto a KBR só me dá alegria, mas deixa isso pra lá. E a vontade de uma amizade acabou engolida pelas gracinhas virtuais diariamente praticadas, que raramente, fechando um ciclo, resultam em encontros reais, tá certo, quem sou eu para reclamar, estando casada há dez anos com aquele sujeito que encontrei na internet como todo mundo sabe e sem o qual eu seria o dobro do que sou hoje. O dobro de gorda, e de solitária, além de não ter nada de bom pra fazer, porque até a existência da KBR de certa maneira devo a ele. Pra nem mencionar minha carreira literária e nossa casa no... paraíso, isso aí.

Pois imaginem que há coisa de umas duas ou três semanas toca o telefone — ou o sinal de mensagem no Facebook, não lembro direito: "Oi, Noga, tudo bem? Aqui é o Alfredo, marido da Márcia. Tenho um livro para publicar e queria conversar".

O Alfredo vocês já conhecem, publicou uma crônica no outro dia, e muito em breve irão conhecê-lo ainda melhor, mas não, não vão ficar aí imaginando coisas, embora seja um romance de estreia o autor garante que é tudo ficção, salvo qualquer indiscrição em contrário, bem, isso fica mais lá na frente, e além do mais o referido autor está para se tornar nosso colunista.

Nesse meio tempo, pelas mãos benevolentes de sua esposa socializadora, o escritor, que no passado era gastroenterologista, já tinha ajudado o Alan com uma dor de barriga, então o casal não nos era exatamente estranho, além de ter nos recomendado o cardiologista que até hoje frequentamos, um nicho de "segurança médica" encravado no meio do mato em Petrópolis.

Fechamos acordo e comecei a trabalhar no livro, atualmente na mesa de edição. Ainda é cedo pra falar n'*O parque*, mas não sobre seu autor, que quis me encontrar ao vivo para ter certeza de que eu realmente existia, realmente editava, digo, o que hoje em dia (conforme chororô no *NY Times* na última sexta-feira) é uma coisa cada vez mais complicada, embora à primeira vista possa parecer cada vez mais simples.

Eu fui.

A história poderia parar por aqui, mas se parasse, não renderia crônica, apenas uma conversa informal de bastidores literários, sabem como é. Terminada a reunião, regada a chá inglês acompanhado de queijos e pãezinhos variados com uma generosidade de resort — eu de olho no relógio, quase uma imposição na casa dos Caminada, indo lá vocês entenderiam por que, além do que, sendo tão ocupada, já estava imaginando o que Alan estaria aprontando, sozinho em casa — Alfredo fez questão de me levar ao seu "estúdio", onde se dedica não somente à música, como também à entomologia, astronomia, meditação... um Da Vinci brasileiro, e ainda por cima meu vizinho (quase) do lado! O que seria da vida sem as boas surpresas que ela nos apronta de vez em quando, não é mesmo?

(Se vocês ainda não somaram a com b, Márcia e Alfredo, ela leitora e amiga "de Facebook", são aquele casal que há vários anos eu olhava com gula, entenderam agora?)

Liguei para o Alan, eu sabia que com tantos violões, macro e micro escopias, bons uísques e insetos empalhados havia boa chance de aquilo tudo dar liga. "Tudo bem por aí? A conversa está boa, não quer vir aqui?", perguntei, vagamente esperançosa, sendo Alan ainda menos sociável do que eu. Ele concordou, e em poucos minutos chegou dirigindo o nosso gasto VW preto, já que eu tinha vindo a pé.

O que se seguiu foi uma daquelas tardes de elite BCC — boa bebida, boa comida, boa conversa —, difíceis de descrever por absoluta falta de prática: arte, filosofia e fantásticas ideias, ideais, tão deliciosas quanto raras — somos todos únicos, lembra Alfredo, qualificado mais tarde pelo exigentíssimo Alan como "uma das pessoas mais interessantes que já conheceu" —, tendo nosso mútuo paraíso como cenário, o inglês falado reforçando o fado de estarmos fora do cotidiano dos brasileiros, onde, em nossa ausência, o pau comia solto como de costume, quem seria irreal, eles ou nós?

Voltei relaxada, depois de um dia inteiro, imaginem eu, desligada da rotina virtual, graças à qual, sem que a gente exatamente perceba, uma espécie de "mal" vem insidiosamente se imiscuindo em nosso meio social, uma coisa que a princípio parecia ser tão boa.

Chegando em casa e ao computador conectado fui surpreendida pelo desabafo da jornalista Cora Rónai, que havia sido bloqueada por um amigo também jornalista por causa de uma opinião divertida a respeito do engano publicado de outro jornalista — que mundo é este, onde até jornalistas "do maior jornal do país" estão mutuamente se mordendo em público, sendo a Cora notadamente uma das mais "humanas" entre eles —, muito normal, por sinal, dias depois de ela mesma ter descrito online sua rotina de "bloqueamento preventivo", vamos combinar, ninguém está mais suportando essa nossa mania de radicalizar, é melhor escapar, nem parar para comentar. Eu também fui limada esta semana por um "famoso" a quem nunca fiz nenhum mal, a não ser por meu sarcasmo habitual, achei melhor nem citar seu nome no apoio à Cora. Passei batido.

Pra não perder o bonde da tecnologia, ia até comentar o Firefly [Vaga-lume, meu filho mais velho sempre adorou vaga-lumes e os colecionava num vidro, mas, hoje em dia, morando no paraíso havaiano, abomina qualquer tipo de celular, estamos saudosos, filho], novo paradigma de aplicativo de consumo lançado pela Amazon e grande novidade do Fire Phone, mas a pauta caiu, ficou só na intenção de "sucumbir ao desejo", uma coisa que ainda segundo o Alfredo não nos faz bem nenhum, muito pelo contrário, embora eu jure que um dia ainda hei de ter um.

Pois é, como já dizia o Tzadik, alter ego mais sábio do meu caseiro marido — e o Alfredo parece enfatizar —, a vida não se resume numa rede virtual, mas num ditado, à primeira vista bastante banal, que nos garante por si a qualidade humana da vida real, sendo muito mais do que uma "pretensão moral": *Do good* [Faça o bem]. Nem precisa ver a quem.

E um bom domingo procês.

ALTA ANSIEDADE

— Nossa obrigação é mostrar os erros para o torcedor —
diz na TV o brilhante locutor, minutos após a sofrida vitória do
Brasil na bola oito, digo, nas oitavas de final. Alan, imaginem,
quer me obrigar a traduzir simultaneamente, em tempo real e
com a bola rolando, o futebol falado que assim se sonha filosofia,
não suporta a dificuldade de entender o que está se passando
durante a partida. E a cada 90 segundos vem a pergunta fatal,
"quanto tempo está faltando para o final?" — final do primeiro
tempo, do segundo, término do jogo, e, nesse caso, nossa mãe,
da prorrogação —, porque além de não entender ele tampouco
enxerga o reduzido contador do nosso monitor, pois é, ainda
estamos naquela velha era em que 14 polegadas estava de bom
tamanho, vocês se lembram.

      Duvido. E não é só com isso que o meu ansioso mari-
do está sempre me perturbando. Tem ainda aquela acusação de
eu ser uma pessoa negativa, não importa o que pense ou diga,
consigo estar sempre do lado errado do campo, isto é, emitindo
a energia errada. Na fatídica tarde de sábado, por exemplo, se
algo de mal nos tivesse acontecido, podem acreditar, não importa o que estivessem pensando naquele momento 201.092.713
pessoas em ação, fora os simpatizantes estrangeiros entre os
quais ele está incluído — tá certo, chutei um pouco a quantida-

de de brasileiros nascidos nos últimos 11 meses, a estimativa é do IBGE em agosto do ano passado, tudo bem, sendo o dia do chute oficial, tudo era permitido — eu, somente eu teria sido a culpada, talvez por estar calada, tensa, agitada, sabem como é, estrangeiro não entende nada de futebol, muito menos da vida no lado de baixo do Equador.

Mudou o Brasil ou mudei eu? O Brasil vem mudando aos poucos, digo, para poucos. Já eu, devo confessar, mudei radicalmente, é, essa mania recente de radicalizar me pegou de jeito em todos os quadrantes, e cá me vi na tarde dos derradeiros rompantes angustiada com o jogo demais da conta, gritando gol, arrancando furiosamente as casquinhas da perna e do ombro a cada chute, bem dado ou não, e vibrando a cada novo limite ultrapassado, ô sofrimento bom, sô, me distraí completamente durante aqueles 130 minutos.

Sempre tive uma inveja tremenda de gente que se envolve emocionalmente com a torcida no futebol. Nunca antes tinha me interessado por nada disso, taí, contra o Chile me envolvi, foi contagiante de verdade, logo agora que tudo se encaminha para um desvio descomunal dos rumos da pátria amada e suas licenciosidades, vai entender. E o mais curioso de tudo é que, dada a discussão pregressa, paira ainda sobre nós a ameaça possessa de uma possível vitória da seleção ser desvirtuada no campo político, já estão ensaiando, deus nos livre — olhaí, com tanta rezação em campo até eu já estou dando voltas no clima da fé, imaginem só.

Isso, pra nem mencionar que sem quê nem por que me vejo cantando antes dos jogos hinos variados, desde o *"Deutschland über alles"* de criminosa memória teimando em me escapar dos lábios (uai, esse hino não tinha sido proibido?) ao obrigatório *"the land of the free and the home of the brave"*, um patriotismo maluco que muda de pátria conforme muda o talão de embarque, digo, a camisa do time em campo.

Pois é. Se oração ganhasse taça, a Copa terminaria empatada, não importando a quantidade de pênaltis disputados. Por outro lado, vamos combinar, de nada adiantou tantos chilenos cantando à capela no sábado à tarde. Seu fadado final já estava demarcado, mancha sangrenta em meio ao jardim verde--amarelo.

Foi por pura inspiração que adiei para o final da tarde a tarefa de escrever a crônica, isso, pra não dizer que até a última oportunidade ainda não tinha encontrado o meu assunto, ou penava com um cansaço enorme de todos os assuntos, tanto temos todos radicalmente nos mobilizado. O título estava escolhido minutos antes do jogo, mas nada tinha a ver com a crise que se seguiu, tão marcante e agoniante que a outra pauta caiu.

Depois da nossa vitória retumbante, quem iria se interessar pela eterna alta ansiedade do meu companheiro, da qual eu me preparava para reclamar? Mesmo levando em conta que na "Bolsa dos Torcedores Estrangeiros" a categoria "judeu americano divorciado" tem aparecido em vantagem sobre as demais. Eu, francamente, votaria nos noruegueses, sei lá, nórdicos passam aquela imagem de placidez, tranquilidade, embora no mata-mata do casamento tudo transforme em caos a realidade. Como dentro de campo, aliás.

Mas, como eu ia dizendo, se essa pauta caiu, outra causa mais nobre se alevanta, a da volta por cima, e não estou falando de chute a gol, mas da dureza de ser responsável pelo gol em meio a outra dezena de tensos marmanjos, principalmente para quem carrega na testa um nome imponente de imperador romano, ave! Tu e os brutos. Ui.

Pouco ou nada continuo entendendo de futebol, como todo mundo já percebeu, mas senti na carne o agoniado pranto do herói, Júlio César, quatro anos de guerra responsável pela derrocada do Brasil, ainda bem que ele hoje se vingou. Essas histórias de represália moral mexem fundo comigo, não sei por quê. Vai me subindo por dentro aquela onda de adrenalina, aquela sensação de "eu sabia o quanto valia" contrariando o que todo mundo dizia, um desejo de esfregar na cara de múltiplos inimigos uma deliciosa, merecida vitória. Principalmente sendo posterior a algumas derrotas fragorosas.

Pois é. Em minha vida de Brasil temos sido todos uns fortes, acumulando na conta da adversidade incontáveis oportunidades de dar voz e razão a Beckett, se é que vocês me entendem, um fracasso forçado atrás do outro, digo, forçado pelos outros.

Porque se de nós dependesse, já seríamos há muito tempo uma grande nação, o país mais bacana do globo, vitorioso, culto, campeão em tudo e timoneiro absoluto do Primeiro Mundo, mas, relembrando a velha piada, pagamos pra ver a classe política que o destino aqui nos colocou, uai, destino? Mudou de nome agora?

É isso aí. E um bom domingo, tchau procês.

Máquina do tempo

Tenho torcido, tentado controlar minhas cotidianas sofridas emoções, mas, francamente, o mundo real não está ajudando. Vocês já viram o que anda rolando?

— 14100, já?

Não estou me referindo à joelhada maldita, nada disso, devo confessar que apesar da empolgação geral ando meio enjoada da Copa, um mês inteiro de patriotada — ops, desculpem, patriotismo — já está me fazendo mal, sei lá. Vamos ver onde isso tudo vai dar, agora sem Neymar.

— 17000.

Sinceramente, não creio que vá fazer uma enorme diferença, mas o que quero deplorar é a extrema violência com a qual vimos nos acostumando a conviver no dia a dia, e olhem que muita gente nem se dá conta.

Essa história do viaduto em Belo Horizonte, por exemplo, um acidente terrível, uma irresponsabilidade além da conta, nem é que tenha sido surpresa, sabem como é, mas temos tido muito sorte, que assim prossiga, dada a alta dose de improvisação que acompanhou os preparativos da...

— 18500.

E isso não é tudo, antes fosse. Tudo em que temos nos envolvido nos últimos 20 e poucos dias nem arranha de leve a superfície dos perigos que estão nos cercando neste mundo, meninos mortos a bala pra cá, meninos mortos por fogo pra lá. Animais. Nossa mãe.

— 19500.

O que mais me espanta é que nos estertores da modernidade — pensem bem, mais dia menos dia isso vai ter que mudar — a ideia maluca de H.G. Wells sobre o paradoxo de viajar no tempo vem adquirindo tintas de realidade. Temos, ao mesmo tempo, e misturados no mesmo enclave, a mais extrema contemporaneidade — celulares 3D ultramodernos, chips inimagináveis, cirurgias graves levadas a cabo 100% fora do corpo através de uma luz de alta frequência — e a mais regressiva Idade das Trevas — olho por olho, dente por dente, dedos decepados, califados dementes.

— 20500.

Vemos no mesmo dia, e ao mesmo tempo, o mundo inteiro amalgamado por sinais sem fio democraticamente disseminados e gente indefesa sendo trucidada, mulheres apedrejadas, impedidas de estudar e de optar pelo que quer que desejem, tratadas como objetos passíveis de se esmagar, fácil, fácil. Avançada laicidade que, se quiséssemos, enfim nos permitiria pensar, e no mesmo diapasão uma religiosidade abusiva, um deus implacável que a par com o da Bíblia mata, e sem dó manda matar, em nome de que valores? Não sei. Da política. De um poder sem limites e eivado de malícia.

— 22000.

Se não a estivéssemos vivendo, seria uma era de magia, no mínimo ficção científica, eu ao mesmo tempo escrevendo crônica no meio do mato numa máquina já agora anacrônica, porém ainda conectada ao mundo, e Alan descrevendo os milhares de refugiados carregados de doenças — arma química sutil, passando despercebida? —, condenando seus desafetos políticos à guilhotina, outro enclave do planeta em que as fronteiras já não se definem por linhas, mas por desprezíveis porém surpreendentes máquinas do tempo: o Texas, por exemplo, no século XXI, esbarrando no XVII ou ainda anterior do México vizinho, através do qual a América Central dispara seus meninos como se bombas-vivas fossem.

Nada disso sei se é mesmo verdade, porque hoje em dia, em tempos de sincrônica realidade, a verdadeira liberdade de expressão, na contramão do que seria esperado, vai ficando cada vez mais rala, esgarçada, intrincada nos fios manipuladores de líderes sem alma, desconectados do bem do povo, ligados apenas ao seu domicílio bancário e aos impulsos do próprio umbigo, tentáculos desgovernados enviando em wi-fi seus desvarios para nos tirar a sanidade mental.

— Desacelerou. 22500.

Dá às vezes a impressão de que já não estamos vivos. Somos todos zumbis da máquina virtual, perdidos numa dimensão intemporal onde a humanidade sonhada se enfiou numa daquelas bobeadas do espaço/ tempo que Einstein apenas imaginou, inata deformação moral.

É. Falei que estava enjoada da Copa, mas aí o viaduto caiu. E ver o vídeo da motorista agonizante, logo em seguida morta, propagando-se pelo Facebook à razão de mil por minuto (Caetano acompanhou do computador, a poucos metros físicos do verdadeiro horror, e eu aqui transcrevi)... excede qualquer comentário.

— Pronto. Tiraram do Face.

Segundos depois, a Globo News assumiu. Brados débeis de pura emoção pedindo que nos protegessem daquele descalabro ao vivo foram para a puta que os pariu. Enquanto isso, um neomaslow qualquer bem protegido sob o escudo financeiro do Vale do Silício deu uma estudada boa nas reações dos animalzinhos humanos, é ou não é?

— Tiraram as escoras com o concreto ainda verde pra liberar mais o trânsito. Semifinal da Copa, sabe como é. Muita gente ia descer em Confins até terça-feira e passar por ali — lamenta pelo Skype o Caetano, meu mano. Um acidente da natureza como tantos outros, só que, desta vez, da natureza humana. Francamente.

Alan, que está sempre certo e aqui em casa sempre dá o tom certo — o tom obrigatório, o da consciência de nossa fatal incompetência a que ele me obriga diariamente, pelo menos —, há dez anos ininterruptos esperando a bomba explodir sobre nossas cabeças iludidas, subliminarmente conduzidas pela corrente indomável das redes dissociadas, aperta o botão de sua própria máquina do tempo. Com um copo de uísque na mão e uma palpável visão do fim dos tempos olha para a frente e contempla o paraíso.

Não dá mais para segurar. Não suporto mais, coração.

Tudo ao mesmo tempo agora e tchau procês.

O Califa al-Baghdadi

— **A**lô! É da casa da família Kaware? Aqui é da FDI.[2] Estou ligando para avisar que sua casa será bombardeada em cinco minutos. Saiam daí já! Shalom! Salaam!

Com esse incrível telefonema começava mais um lamentável capítulo da intrincada disputa no Médio Oriente, se oriente, rapaz, já nem sei mais o que estão disputando, se a luta é por terras, por teimosia ou por simples idiossincrasia — nada ter do a ver com a dramática realidade as quatro primeiras letras dessa palavra tão complicada que provoca azia, ui.

Enquanto isso, ali bem perto, vai a humanidade traçando por mera inanidade um de seus pesadelos mais inimagináveis e largamente anunciados, é isso mesmo. Vocês nem queiram saber o que está para acontecer, não vai ter 1001 noites, por mais escuras, que se comparem. Sexy Scheherazade (não é a da Bandeirantes) enrolando o Rei da Pérsia? Esqueçam. Mulher não tem vez nesse nosso futuro negro, nem voz, muito menos top sensual rebordado de pedrarias, nada disso. Mulher fica bem calada se quiser sobreviver, seu *élan* vital ferozmente disfarçado por baixo da negra burca e estamos conversados. Por outro lado, tampouco existe mais a fantástica Pérsia dos nossos sonhos alados, com seus gigantescos budas derrubados, sabem como é. Harun al-

---

2 Forças de Defesa de Israel.

-Rashid reencarnou bem menos sofisticado (embora alegue um PhD... em estudos islâmicos, ah, bom), por ironia do destino autodenominado "califa al-Baghdadi", embora reste não conquistada a ancestral capital Bagdá, ainda bem — como lembra o Alan, fica logo ali, ó, apenas cinco minutos de táxi distante do novo califado.[3]

Califado do mal, não se deixem enganar de jeito nenhum. Não estão para brincadeira, 44 quilos de urânio em estoque, estão até já anunciando seu próximo passo, caso ninguém leve a sério o tanto que já foi dominado:

— Este é meu conselho para vocês [ó infiéis!]. Se houver resistência, conquistaremos Roma e possuiremos o mundo, se Alá quiser.

Do outro lado, digo, cá do nosso pacífico e ingênuo lado, confiamos no nosso taco, no nosso talento não só para adiar o rumo da História contando infindáveis causos e assim salvar o mundo, como também para espalhá-los aos quatro cantos de um globo bem caprichado, cada vez mais globalizado pelo acesso grudado à internet, nosso ponto de vista equivocado convenientemente ampliado pela lente de milhões de amigos conectados, telefone sem fio, se é que vocês me entendem. Faremos chover celulares 3D pela árida Terra de Israel que nos foi biblicamente prometida, como a tantos outros.

Pensando bem, a tal Terra Prometida hoje em dia não pertence aos judeus, mas a todos nós. Suas brilhantes conquistas nos campos mais nobelizados da benquista tecnologia têm sido franqueadas a cada um de nós em nossos pequenos tabletes coloridos, alguns vistos, outros engolidos numa bem-vinda jornada por novas curas das piores doenças, e não estou falando do radicalismo religioso nem do obscurantismo litigioso.

Mas como sempre nada chega ao zero (inédito conceito arábico que mudou a inteligência do mundo entregue numa bandeja por um matemático persa, bons tempos, "como pode nada ser alguma coisa", perguntavam os gregos, imaginem o vácuo antes desconhecido conferindo um novo sentido à vida no planeta, tempos incríveis), parece que estamos vivendo agora

---

3 Parece loucura, mas é tudo verdade.

uma reversão das expectativas, um leve vislumbre de algo positivo em meio a tantos escombros prometidos. Imaginem de novo, deflagrado por uma chamada humanitária no celular.

Pois para nossa surpresa aprovação parece que o mundo despertou, enxergando o óbvio absurdo dos alvos surdos na terra de Israel, muito mais amplos e profundos do que sonha todo dia a nossa vã filosofia, pois trata-se na verdade de uma guerra de dois mundos bastante diversos e os valores deles oriundos. Até Ban Ki-Moon despencou do mundo da lua para advogar o direto à defesa de um povo na mira dos mísseis como um jantar servido à mesa. Fala sério.

E como em tudo na vida o buraco é muito mais embaixo, num vago exercício de futurologia fica fácil perceber que não queremos viver no planeta sonhado há bem mais de 1001 noites por al-Baghdadi: a Basílica de São Pedro transformada numa mesquita e a longa evolução do Código de Hamurabi tendo regredido a um sumário olho por olho, dente por dente, nós todos convertidos à força em putrefatos zumbis, restos arrastados de nossa avançada civilização como predizem tantos filmes de Hollywood. Pois é. Maldição.

Possam as pulgas de mil camelos infestar seus sovacos, que massacre em Copa das Copas que o quê. Depois não digam que não avisei.

E um bom domingo procês. Tchau.

P.S. - As simpatias políticas internacionais dão tantas e tão rápidas reviravoltas que enquanto eu esperava 36 horas para publicar a crônica o mundo se voltou contra Israel, como de hábito, de que adianta escrever tanto, derramar a lógica e o coração? Bem que eu estava estranhando. Triste.

LIKE A BRAZIL? LIKE A FAVELA?

— *Man, I hate Brazil!* — declaro para o Alan em "*open English*" no caixa do supermercado de terceira, onde tínhamos parado a caminho de casa para uma Smirnoff redentora.

Perante o olhar perplexo do empacotador, que logo interpretei como meio acusador — falaria inglês, surpreendentemente? —, fui acrescentando sem nenhum sotaque que era brasileira, podia odiar o Brasil o quanto quisesse, ao contrário do companheiro ao meu lado, que como americano devia se limitar a ficar calado.

Como sempre estou me adiantando, não deveria falar sobre isso ainda, mas ando tão envolvida que resolvi ceder. Na mesa de edição, como vocês sabem, ou se não sabem já vou logo contando, está o misto de hilário e trágico relato da História do Brasil por ninguém menos que nosso autor mais vendido, Paulo de Faria Pinho, que, como todos sabem — sim, já estou me repetindo — gosta mesmo é de morar em Paris. E ele não está errado.

Ao contrário de mim, que não passo de uma brasileira vagabunda de terceira geração, Paulo, salvo informações em contrário — e com base em seu charme cosmopolita e impecável educação —, pertence àquela classe que antes da virada do século a gente chamava de "brasileiro quatrocentão", portanto aquinhoado com plenos direitos à reclamação.

Mas lá pela metade do livro, chegando ao segundo Pedro, digo, Segundo Reinado, acabo mudando de opinião. Não é, como a princípio pode parecer, uma empreitada destinada a fazer pouco, criticar de tudo um pouco, mas sim uma declaração de amor ao país, meio espúria e na medida do impossível, é verdade. A gente custa, mas acaba entendendo que o que ele escreve é a pura realidade, tão absurda quando esmiuçada que mais parece ficção. Nesse ponto transparece uma emoção, um carinho e respeito pelo "Pedro das barbas brancas", que nas palavras do próprio autor "foi sempre um moderado, um respeitador das leis e de princípios, sendo considerado o mais democrático de todos os governantes que o Brasil já teve e terá em toda a sua História. Se a dignidade, o respeito aos direitos, a honestidade, e principalmente seu enorme amor ao país tivessem sido seguidos pelos futuros presidentes e ditadores, tenho certeza de que teríamos outra nação". Nem precisaria apelar para os holandeses.

Vamos combinar, essa mistura de amor e ódio é o que todos sentimos em relação ao Brasil, correndo o risco de piorar sempre. Principalmente em ano de eleição.

Voltando à nossa necessidade de nos embebedar para suportar, voltávamos Alan e eu de uma sessão com a justiça petropolitana, que, cá entre nós, mais parece a Casa da Mãe Joana, ih, rimou. Mas não foi por querer.

Não éramos os réus dessa vez, mas os requerentes, ou reclamantes, iludidos buscadores de reparação, sei lá. O que sei é que éramos inocentes, ingênuos litigantes cujo advogado havia recomendado que acionassem uma das maiores empresas de intermediação financeira do Brasil, que à boca pequena dizem pertencer ao "filho do homem" — aquele que usurpou, ou tentou sem sucesso usurpar a posição do velho Imperador como o "mais democrático", mas acabou num furdunço burocrático de fazer gosto. Isso, para nem lembrar que inseriu à força no Brasil o conceito estrangeiro (porque estranho ao nosso cotidiano anterior) de "elite branca". À qual, por sinal, D. Pedro obviamente pertencia.

Tudo havia começado no ano passado, naquela cidade à beira-mar onde a atual realeza ainda mantém parcela de seu reinado, lá onde havia sido encenada uma comédia de erros que já deveria estar no passado, não fosse o conselho do advogado. Nem quero mais lembrar. Mas fui obrigada, sentada ontem à tarde, depois do atraso regulamentar, em frente à figura impoluta de uma lei que se veste mal, se comporta mal, tinge os cabelos de laranja e de um azul nauseante as unhas das mãos — um retrato mal pintado do aparato legal no Brasil.

Devo reconhecer que enquanto pacientemente aguardávamos a audiência agendada — sim, estou mentindo, paciência passava longe do que eu estava sentindo — o advogado, que também chegara bastante atrasado (devia ter vindo na mula de D. Pedro e parado no meio do caminho para... deixa pra lá), mas não o suficiente para perder o horário marcado, já foi tentando tirar o corpo fora. A ação legal, compreendendo danos morais e materiais — embora a parte dos morais fosse um *faux pass*, porque no Brasil "empresa não tem moral", quer dizer, "não sofre dano moral", mesmo sendo reduzida a um negócio pessoal (nada sei da lei empresarial em outros países) —, passara depois de um ano de espera a ter "pouca chance", talvez por ter corrido no Juizado de Pequenas Causas, que, aparentemente, não funciona para a "elite branca", porque até meu jardineiro volta e meia fatura algum nessa instância. Mas não eu.

Francamente. Poucas vezes na minha vida fui maltratada e humilhada como naqueles cinco minutos de "tentativa de conciliação". Não houve acordo, e por que haveria? A litigação é tanta, e tão frequente, que a advogada dos acusados pode ser considerada uma "funcionária do fórum", onde dá expediente diariamente flutuando de um reclamante a outro, nem lhes custa nenhum esforço, quinze ou vinte insatisfeitos, qual a diferença? Enquanto o estagiário encarregado de "conciliar os interesses das partes" tentava digitar qualquer coisa no computador, três ou quatro rábulas de porta de cadeia, digo, chave de cadeia, não, digo, especializados em pequenas causas (provavelmente um deles teria servido ao meu jardineiro) travavam livremente no cubículo de dois metros quadrados uma guerra pela posse do melhor mexerico legal do dia. Para mim, nem um bom-dia.

Voltando para casa, entre mal represadas lágrimas, como

não poderia deixar de ser, reclamo com o Alan da justiça de Petrópolis — a pólis de verão do justo Pedro —, quiçá do Brasil. Ele diz que não tenho motivos, que em Tijuana, por exemplo, é muito, mas muito pior, mesmo sugerindo que aquela corte de justiça mais parece uma loja de ferragens, onde em vez de julgamentos estão à venda velhas engrenagens.

— É — respondo. — Comparado ao inferno, o purgatório até parece bom.

Mas, claro, estou exagerando um bocado, ou não seria eu uma cronista. Do lado direito da estrada a montanha é bela, porém apinhada pela favela. Já o povo brasileiro, como mais que provado muito receptivo e hospitaleiro, é dos mais simpáticos entre os povos do mundo, isso lá também é verdade. Como dizia o saudoso João Ubaldo Ribeiro, gentil a ponto de morrer a tempo de ser citado na minha crônica deste domingo: "Viva o povo brasileiro!"

No que me diz respeito, infelizmente, esse arremedo de paraíso já não é suficiente.

Um bom domingo procês, agora mais vazio sem o João Ubaldo.

MEUS DOIS AMORES

Mesmo antes das redes sociais, a verdade foi sempre a primeira
vítima da guerra.
Roger Cohen, para o *NY Times*

*"B*razil is operating with a double standard, and has become
part of the problem rather than trying to contribute to the solu-
tion. This behavior explains why Brazil, which is an economic and
cultural giant, remains irrelevant in the political arena",[4] foi o que
disse o porta-voz da Chancelaria de Israel. Em português, pela
mão de um jornalista sensacionalista, e talvez contra Israel, como
a massa dos "especialistas" nacionais, talvez ainda pela fala literal
porém mal traduzida de "nosso" ministro das Relações Exterio-
res, Luiz Alberto Figueiredo (talvez Figueiredo precise "escovar
o seu inglês", ou a sua integridade diplomática, vai saber) a coisa
virou uma acusação de que o Brasil é um "anão da diplomacia".
Fala sério. É preciso falar muito sério.
— Vou sofrer com a crônica de hoje — faço um alerta
para o Alan, que já não suporta mais me ver sofrer por tantas

---

4 O Brasil está operando com um padrão duplo, e se tornou parte do problema, em
vez de tentar contribuir para sua solução. Esse comportamento explica por que o Brasil, que é um gigante econômico e cultural, permanece irrelevante na arena política.

coisas que me aborrecem no dia a dia, tá certo, "aborrecem" tem sido um eufemismo para o que tenho sentido.

Vou começar explicando que o diplomata israelense (acho que foi um diplomata, me desculpem se eu estiver enganada) enfatizou bastante que "o Brasil é um *gigante* econômico e cultural"; quanto à nossa diplomacia escorregadia, que sempre, com o perdão da generalização, pisou na casca de banana, especialmente sob a batuta de Lula e seus asseclas, ele diz apenas que é "irrelevante", algo comprovado até mesmo pela recusa internacional em nos dar qualquer relevância no cenário mundial.

Enquanto tantos "analistas" escrevem artigos proclamando a "verdade", eu, que sou cronista, e não jornalista, só me sinto confortável escrevendo sobre a *minha* verdade. E, amigos, tenho chorado.

Como enfatizei na crônica passada, não passo de uma brasileira vagabunda de terceira geração, mas os que me conhecem pouco (tenho muitos leitores recém-chegados, e a cada dia chegam mais, ainda bem) merecem uma explicação, que deveria começar por meu estranho nome, que noutro dia um interlocutor meio "mal" intencionado interpretou como um dado sensualmente a meu favor, mas que me força à constante soletração, um pavor.

Sou nascida em Israel, o que faz de mim uma legítima "sabra" (figo da Índia: espinhoso por fora e doce por dentro, é como se descrevem , muito bem por sinal, os nativos de Israel). Meus avós vieram para o Brasil na juventude, e conta a lenda que vovó deixou por lá, entre os túmulos da família (em Safed, na época parte da "Palestina"), o de um famoso sábio judeu, outra coisa que eu poderia usar a meu favor, desta vez intelectualmente: a escrita, de certa forma, está no meu sangue. Mas também o sentimento de ser uma "eterna estrangeira". Papai e mamãe emigraram para Israel à época da Guerra de Independência, em 1950, o que se está a meu favor eu não sei, mas, certamente, me qualifica bem mais do que aos curiosos de plantão para escrever sobre a trágica atual situação.

Não, não vou encher os ouvidos de vocês com uma litania de como o antissemitismo tem crescido em nossos dias, algo que nunca senti quando era jovem no nosso país. Sim, porque o Brasil é o meu país. Mas tenho outro também. Entenderam?

Claro que uma guerra sangrenta não faz a alegria de ninguém, a não ser, quem sabe, dos que a exploram para sua própria agenda política, e não vou explicar do que estou falando. Nem precisa. O que deve e demanda ser comentado é a falta de informação com que temos nos deparado. Gente até muito bem-intencionada acredita que "Israel deveria desistir, arrumar as malas e partir", mas partir para onde? Como se desloca todo um país?

Bem. Impossível, não é. Por exemplo, o lamentável avanço das facções fundamentalistas no Oriente Médio tem feito fugir do país natal muita gente boa. Só os manifestantes populistas acham que gente como a gente quer se submeter a tanta sandice, como manequins de vitrine mascarados e, um pouco pior, clitóris forçosamente extirpados: segundo a ONU, 130 milhões de meninas e mulheres passam por essa prática, e com a ascensão do ISIS — não, não se trata aqui daquela bela deusa egípcia frequentemente invocada quando se fala dos direitos das mulheres, mas do mórbido califado que vem tomando conta de grandes cidades no Iraque, Síria etc. — esse número deve aumentar exponencialmente.

Mas alguém que fala um absurdo desses (e olhem que se trata de alguém de quem gosto muito mesmo, o que fere mais ainda) tem a mais vaga noção do que significa deixar para trás o seu país natal? E ainda mais devido à invasão do seu território nacional? Acredito que não.

Tá bem, não passará um minuto antes que meus opositores digam que isso é uma tristeza para os palestinos também. E eu concordo, mas lembro por outro lado que não faz muito tempo (2007) Gaza era um Estado independente, até que o extremismo, entregue ao Hamas, crescesse além da conta. Em teoria, ainda é. Mas foca-se tanto no terrorismo que não sobra energia para garantir a vida a seus habitantes. Aliás, como disse um de seus líderes no outro dia, "assim como os judeus amam a vida, nós amamos a morte" (e isso inclui a de seus próprios irmãos de fé).

Eu poderia gastar preciosos caracteres da minha crônica, que tem espaço limitado, para explicar aos mal informados que a absoluta disparidade no número de vítimas de um e outro lado se deve, principalmente, à tática deprimente de se usar mulheres e crianças como escudos humanos, e, por outro lado, à superioridade militar de Israel, que não reflete o tamanho de seu território. Poderia apelar para os artigos extremistas do Estatuto do Hamas que muita gente descreveu muito bem antes de mim. Mas estou cansada. E acima de tudo, muito magoada, ao ver minhas duas pátrias trocando insultos de forma desbragada. Trago o Brasil no cérebro e Israel no coração, e minha reação ao que fazem os dois países tem enfrentado gigantesca desproporção.

O Brasil, que para onde eu vá seguirá sendo a minha nacionalidade de adoção — francamente, devo confessar que com tanta vergonha que venho sentindo ultimamente meu amor ao Brasil tem se resumido ao idioma que mais amo no mundo, o único no qual consigo me expressar emocionalmente, embora domine outros, inclusive o hebraico —, me causa uma sensação de desconfiança extrema; tudo o que espero da atual liderança deste país é o que há de pior, de mais corrupto, mentiroso e incompetente, de uma burrice tão grande que quase chega a ser demente. Já Israel, que tem sido tratada internacionalmente como o Judas global, assassino inclemente, embora eu não seja partidária da política de seu primeiro-ministro me provoca uma impressão diametralmente oposta: faça o que fizer, tenho total e incondicional confiança em sua competência, inteligência e integridade nacional. Isso, apesar de as acusações aparentemente "racionais" de seus detratores parecerem provar que o contrário é verdadeiro.

Como todos sabemos, em tempos de noticiário online e propagação em redes sociais é muito fácil manipular os dados para que atendam os mais escusos interesses. Não preciso escrever mais nada. Fui.

E um bom domingo procês.

#THEPAKALOLOKID

Esta semana aqui em casa também decretamos uma trégua de 72 horas, que como aquela outra no "mundo real" foi rompida antes do fim, mas, bem, felizmente durou bem mais do que duas magras horas, e foi só um começo. Também morreu menos gente, isso eu posso garantir.

Nas guerras daqui de casa geralmente há um morto que é mais um zumbi, isto é, morre um bocado de vezes e nunca se sente morto o suficiente para assim permanecer: a ilusão de que o Alan vai mudar um dia. E ele até muda. Geralmente por pouco mais de duas horas, durante as quais se transforma num docinho de coco — um *motek,* como diria mamãe.

Não sei se vocês sabem, mas entre as muitas qualidades do Alan, além de ele ser um escritor que não escreve, um escultor que não esculpe e um desenhista que não desenha (entenda-se, ele está "aposentado"), está a de ser um "comediante em pé" de mão cheia, ou pé nas costas, sei lá. Ele tem um "número" em que imita a voz esganiçada de uma mulherzinha (fazer vozes diversas é uma especialidade do clã Sklar, sendo minha cunhada Cheryl o maior expoente da categoria, uma bem-sucedida dubladora de L.A., isso eu garanto que vocês não sabiam, e um doce de pessoa), e ontem à tarde ele estava fazendo a tal mulherzinha visitando a nossa casa com a intenção de comprá-la. E claro, criticando tudo.

"Mas onde é o lavabo? Não tem? Ah, preciso no mínimo de mais umas duas suítes, senão minha família não cabe!"

"Meu cachorro não sobe escada! Meu gato tem medo de macaco! Meu filho é muito levado, vai quebrar a cabeça nesse vidro!"

"Essa casa é até bem bonita, mas tem sol demais, não é? Vou trazer a minha filha pra ver semana que vem."

Ri tanto que quase morri de dor de estômago, o que nas atuais condições de sofrimento diário devido à guerra em Israel é um feito e tanto. Desopilei.

Outro morto-vivo que não se cansa de morrer por aqui é Barack Obama, que o Alan — cá entre nós, e não espalhem pelamordedeus — detesta. Despreza. Alan nunca se cansa de criticá-lo, e minha hesitação em apagá-lo do meu panteão de heróis faz com que ele assuma essa eterna zumbidade nas nossas batalhas domésticas. Uma das bombas de efeito mental que Alan gosta de explodir é que "o cara", na juventude, foi não só um "entusiasta da maconha", uma coisa que B.O. até confessa em seu livro *Dreams of my father*, mas também... se preparem. Um traficante.

Eu fico quieta. Tô cansada de briga.

Mas voltando ao Alan, duas das poucas palavras que ele aprendeu em português são "cachaciero" e "maconiero", imaginem aí por quê. Por outro lado, um dos slogans mais usados aqui em casa é o clássico americano *"any pill goes"*. Explico: o Alan, coitado, quando tinha uns 22 anos mais ou menos sofreu um acidente e morreu, e por isso ele gosta de afirmar que só tem 48, pois aos 22 "nasceu de novo". E deste acidente ficou com a sequela de uma dor crônica que não o deixa dormir, daí a necessidade de aditivos, alguns legais e outros também, porque sendo o *Brésil* um país moralista eu me recuso a adquirir os ilegais. Mas mesmo só com os legais, sofro.

Esta semana, por exemplo, fomos vítimas do terrorismo da "malha médica" (saudades de João Ubaldo): com essa confusão de Copa seguida da guerra em Israel fiquei tão fora de prumo que esqueci de marcar hora no cardiologista, *et voilà*, Alan acabou sem suas drogas redentoras, pois o doutor recusou-se a nos dar uma receita sem "vê-lo", isto é, sem co... *schmuck,* deixa pra lá. Sobrou para mim, claro.

Apelar para o álcool, que era um hábito normal (cachaciero, lembram?), ficou mais difícil, Alan meio apavorado porque quando bebe, agora que passou dos 70, deu pra desenvolver uma amnésia, não se lembra do que comeu nem do pão que devorou... pra nem mencionar quantas doses tomou. Maconha, nem pensar, e sem nenhuma pílula para aliviar... Alan resolveu beber leite! E é dessa trégua que estou falando, entenderam? Rompida depois de quatro dias quando ele retomou a velha vodka, entregue em domicílio pelo supermercado. *Lechaim.*

Agora estou pesquisando um novo drinque infalível, que mistura leite com vodka, com um toque de limão. E batizaremos de "Sossego", na linha do "Manhattan". Por que não?

(Um parêntese: Alan sempre odiou o leite brasileiro, mais próximo da água do que aquela piada australiana, mas, recentemente, encontramos a "Shefa", uma marca de que ele gostou, e o leite, como todo mundo sabe, e pra quem não sabe já vou informando, tem propriedades calmantes, eu tomo também. E ainda não botaram tarja preta.)

Neste ponto preciso fazer uma interrupção cultural. Não sei se vocês têm lido, mas nos Estados Unidos a mídia está pegando pesado com um lobby favorável à liberação da maconha, da qual, pudesse tê-la legalmente, Alan certamente se beneficiaria. Enquanto remédio, digo. Mas entre os múltiplos artigos defendendo a liberação (deu até no *Washington Post*, traduzido pel'*O Globo)*, que *by the way* defendo também , ao discutir se o álcool é mais perigoso que a maconha ou vice-versa, estão esquecendo um fator muito importante: o vício, meus amigos, está na química neural de quem se vicia, não na substância viciante.

Eu, por exemplo, que no meu passado distante já me considerei alcoólatra, sou capaz de beber, comer chocolate e até fumar maconha sem que a nenhum deles me prenda. Já o Alan... Caramba! Tem uma personalidade tão viciada que esta semana, como eu já previa, na falta de todas as outras vias... acabou se viciando em leite!

— Noga! Já encomendou minhas garrafas de leite? — ele me pergunta, pois sabe que é dia de supermercado (pela internet). Pergunta é pouco, passa o dia todo me cobrando.

Pois o cara é tão fissurado que acaba sendo azarado, e embora eu tenha encomendado seis garrafas de um litro, só entregaram uma! Ele ficou de-ses-pe-rado!

Bem, voltando a Obama, recentemente Alan o apelidou jocosamente (sim, redundância, eu sei) de "*pakalolo kid*", sendo "*pakalolo*", e eu tenho certeza de que todos os maconheiros sabem, o nome da erva em havaiano, quase tão manjado quanto aquele gesto descolado (*shaka, hang loose*).

Agora, vamos combinar, acusar o Presidente dos Estados Unidos de ser maconheiro e ex-traficante é um pouco pesado, né não? Porém, pensem bem, com todo esse movimento irreversível de liberação, por qual obra de seu governo vocês acham que Obama será lembrado? Plano de saúde? Lei da imigração?

Ironia, licença poética: vai dar na cabeça "*pakalolo kid*". Obama será glorificado, para todo o sempre incensado, e estamos conversados. Ficará mais eterno do que os judeus enterrados no Monte das Oliveiras à espera do Messias, que a esta altura já deve ter desistido de descer um dia, e não posso culpá-lo, quem iria querer retornar a este mundo tão perdido?

E quanto ao Alan, agora, com Mary Jane à vontade, o homem só pensa naquilo: quer voltar a viver nos Estados Unidos, mas diz que é por causa dos filhos.

Os homens são de morte. E é para lá que eu vou.

Um bom domingo procês!

POMBAS E FALCÕES

Onírica nefelíbata gaivota/ Ondula sobre os mares sua derrota.
Ulisses, James Joyce, tradução Antônio Houaiss

"**P**or 12 anos estivemos construindo esses túneis e esperando o momento certo, quando estaríamos treinados e prontos. Decidimos que esse momento seria o Rosh Hashaná [ano novo judaico] de 2014, porque a maioria dos soldados iria para casa (...). O Hamas inteiro entraria nos túneis para capturar Israel. Por cada túnel enviaríamos duas, três dúzias de terroristas armados que sequestrariam civis, mulheres e crianças, e os trariam para Gaza, então Israel não poderia bombardear os túneis por causa de todos os civis lá dentro. E desta forma ocuparíamos o país inteiro e governaríamos Israel e mataríamos todos os sionistas. Planejamos isso durante anos, e estava para acontecer dentro de dois meses. Os ataques em Gaza destruíram nossos planos", diz um email que circulou esta semana, com este depoimento de um militante do Hamas feito prisioneiro (o texto original é em hebraico, mas li em inglês).

Pois é. Bem que eu tinha planejado escrever esta crônica com o cessar-fogo ainda em vigor, mas parece que não vai acontecer. Pena. Sofro. Por outro lado, 32 túneis foram destruídos, e isso não há como reverter.

Tá bem, vocês podem ir logo dizendo que não se pode confiar no que circula na internet, e eu concordo, em gênero, número e grau, vejam, por exemplo, o "terrorismo de Wikipedia" perpetrado pelo PT, imaginem, que mandou gente "invadir" os perfis de jornalistas e alterar os dados que estavam lá criticando o governo. Não sei se este mundo está mesmo perdido, parece que sim. Mas quanto ao Brasil, não tenho dúvidas.

Já essa coisa de "pombas e falcões" — escovando o português, "gaivotas e gaviões" —, vou explicar, é como sempre se dividiu tradicionalmente a política de Israel, desde os tempos de Ben Gurion. Ao contrário das tendências totalitaristas da vizinhança, Israel sempre professou uma democracia radical, mesmo ao preço de tornar-se perigosa para a sua própria sobrevivência, como agora, por exemplo, quando apesar do inimigo belicoso há ex-soldados que criticam abertamente o seu próprio exército.

Não sei se vocês sabem que onde há dois judeus há três partidos políticos, e isso é tão verdade que até na mínima comunidade dos meus tempos de Belo Horizonte, pasmem, havia dois clubes e duas sinagogas. Meu avô, amigo de Tancredo como já disse, e está na hora de lembrar, era líder de um deles, o mais "progressista", gosto de acreditar, mas certeza não tenho.

Como todo mundo sabe, sempre pendi para o lado das "pombas", defendendo meu ponto de vista com unhas e dentes e uma porrada ocasional, quando o lado oposto, no caso, meu marido republicano, abusava de seu direito de insistir em ser racional, como na(s) eleição(ões) de Obama, por exemplo. Teve muito arranca-rabo aqui em casa.

Mas esta manhã, pensem bem, estava pensando em que se fundamentam esses dois conceitos, digo, pássaros no céu. E "pomba", pasmem, pombas! Em qualquer idioma que se analise... tem a ver com ingenuidade, idiotice. Por que será? Segundo o velho Aurélio, e isso está no meu livro *Santa Molly* — escrevi, mas na época não percebi, pomba ou gaivota [*gull*], não importa, foi o que Joyce quis dizer de qualquer maneira —, "pomba" em português tem também o sentido figurado de "pessoa ingênua, sem maldade". Sem maldade? Na Bíblia, no Livro de

Oseias, que segundo os evangélicos expõe o "coração de Deus", aparece o mesmo conceito, vejam só: "Ephraim é como uma pomba, bobo e sem noção" — tradução livre, claro.

Pomba da paz, então tá.

Pois o mundo, meus amigos, está eivado de maldade. Infelizmente. E quem andar por aí propagando que isso não é verdade, estará apenas se iludindo. Quem acredita no papel de "agressor" atribuído pela mídia ao Estado de Israel pode ver na história dos túneis o que há por trás. Pois é. Há sempre alguma coisa por trás do bem e do mal.

Tem ainda essa tendência a *favor* da maldade, que, sinceramente, não sei de onde vem. Será que estão certos também os propagadores das várias teorias de conspiração? Isso eu tampouco sei, mas tudo, absolutamente tudo que vemos e lemos hoje em dia — embora eu deteste essa ideia do absoluto e "sempre" e "nunca" sejam palavras-chave que sempre (!) corto nos textos que edito — é manipulado por quem publica.

Nesse caso de Gaza, por exemplo, duvido que alguém tenha visto um certo vídeo de um jornalista indiano, gravando ao vivo, por trás da cortina de seu quarto de hotel, a instalação de um disparador de mísseis no coração de um bairro chique de Gaza povoado de civis, e isso mesmo, bairro chique, à beira-mar cheio de palmeiras, parece o Leblon. Mostrar apenas aqueles escombros — destruídos pela guerra, é verdade, mas, bem, trata- -se de uma guerra — todos amontoados é como dizer que na Zona Sul do Rio só existem favelas. E não estou inventando nada, está no link para todo mundo ver, apenas "escolhendo" o que quero mostrar, manipulando, entenderam?

O mito da "pomba", vamos combinar, teve seu supremo altar na era *hippie* que imperou na minha juventude, vocês se lembram, a turma da "paz e amor". E no meu caso, não tenho como negar, foi o que me fez acreditar na "Nova Era" de Obama, depois de ter acreditado piamente em todos os mitos da clássica Nova Era, aquela em que a paz haveria de imperar. Não rolou, ao que parece. Só nos resta lamentar.

Ou então, em último caso, já que alertas não têm nos faltado, acordar, deixar de lado essa bobagem de pomba, pois só falcões muito bem treinados podem nos salvar. Depois, talvez, muitos anos depois, e nem assim estou mais propensa a aceitar, a gente possa de longe pensar que o ser humano criará vergonha na cara e deixará de lado sua violência nata, desesperada e desesperadora, que Rousseau que mané que o quê. Tudo isso não passa de vã filosofia, vamos combinar. E pelo visto, é o que de fato nos impede de voar.

O preço da nossa liberdade, infelizmente, é a eterna militância.

E um bom domingo procês.

Agosto, ao gosto

Eu estava bem me preparando, pela primeira vez em anos, para compartilhar com vocês que "estou me sentindo feliz", quando, pimba, interferiu no meu Facebook o espantoso comunicado: "Noga, rápido, checa o Globonews, Eduardo Campos acaba de morrer".

Hã?

Como quase todo mundo neste país achei que era brincadeira da oposição, só mau gosto de ocasião, tava tudo bem. Não era. Cheguei as fontes habituais e lá estava a impensável quimera: Campos havia acabado de morrer naquele instante mesmo, vítima de um acidente aéreo até agora não esclarecido, tendo como de praxe o improviso brasileiro prevalecido, imaginem que as gravações na caixa-preta não parecem corresponder a diálogos travados perante o perigo da queda fatal.

É de amargar. Vamos ver no que isso vai dar.

E eu que estava tão feliz fui obrigada a me retratar, bem, a pelo menos recuar, no tempo e na intenção, na intenção de festejar e ao tempo em que era eu a filha a lamentar, nossa mãe. Nunca me recuperei. Mas agora não é hora de lembrar.

Imediatamente fui arremetida a um outro momento, na verdade muito engraçado, *sorry, folks,* há horas em que o humor é uma válvula de escape para o horror.

Não sei se vocês sabem, mas a mulher que sou hoje e que nem toca num dos assuntos que mais a mobilizavam no passado, a ameaça de obesidade, foi um dia realmente obsessiva a respeito. A obsessão muda, o obcecado nunca, sabem como é.

Tanto é que saía eu do dentista, em Ipanema, depois de uma sessão cruel de tratamento de canal, com a mandíbula deslocada de tanto se escancarar para expor o local, quando passei em frente a uma das mais famosas sorveterias do Rio, na Montenegro (ops, assim eu entrego a idade), Vinícius de Morais, e decidi tomar aquele sorvete delicioso, um porre raro de calorias proibidas. Em seguida, caminhando em direção ao carro estacionado, comentei comigo mesma: *Caramba, Noga, você só se permite um sorvete com a boca fortemente anestesiada.*

Pois é. E é neste mesmo estado neurótico de espírito que me decido a compartilhar minha alegria com vocês ao cabo de uma semana trágica para todo o povo brasileiro, e creio não estar exagerando, se levarmos em conta o dramático cenário eleitoral que resultou. Talvez assim não chame muito a atenção o fato de eu estar me sentindo indecentemente feliz, por consequência não acarretando inveja, nem maus pensamentos, nem o culpado (ou culposo) colapso dos bons sentimentos como seria de se esperar.

Anestesiados?

Então lá vai: estamos de mudança, é isso mesmo, vendemos finalmente a nossa casa no paraíso. Vamos deixar a preguiça de lado e começar uma nova vida, construir outra num dos "dez melhores locais para se morar nos Estados Unidos", Paris Mountain, Greenville, Carolina do Sul, aquele mesmo que o Alan descobriu no Google Maps em fevereiro, como já contei. Ou não?

Pronto. Acabo de explicar por que o SC em nosso novo endereço não é Santa Catarina, simples assim. É South Carolina, entenderam?

Quanto aos nossos queridos colaboradores, autores e amigos, e vejam que tornaram-se muitos nesses últimos cinco, seis anos, queremos deixá-los bem tranquilos. A KBR nunca dependeu, não depende e continuará não dependendo da geografia. Estaremos no ar como sempre estivemos, e se eu quisesse mentir como faz tanta gente nas redes sociais, nem precisaria mencionar mudança nenhuma — até um número local teremos, local no Brasil, claro, graças ao avanço da tecnologia, uma das qualidades, aliás, que nos atraem no primeiro mundo — , mas não é meu estilo. Além do mais, mais dia menos dia uma crônica me entregaria, *et voilà*. Afinal de contas, acima de tudo sou auto-ficcionista, como esconderia aquilo que estarei vivendo?

— Alan, nosso apê em Greenville vai ter ar condicionado e aquecimento?

— Claro, Noga, é primeiro mundo, tá pensando o quê? Vai ter tudo de que a gente precisa.

Bingo, não sei mesmo o que é viver no primeiro mundo. Mas podem ter certeza de que depois eu conto. Agora, a mentalidade marital, como se pode ver, deixou-se contaminar pelo terceiromundismo, uma praga contagiante se combinada ao proverbial comodismo, mas, peraí, será que isso rimou de verdade?

— Alan, vamos ter lava-louças no nosso apê alugado?

— Já temos uma lava-louças: você.

Ui. Nem te ligc. Pois é. Felicidade deve ser isso: finalmente, nunca mais ligar para o que falam de você. Ou isso seria a verdadeira liberdade?

Digo que nada vai mudar, mas será radical, é evidente. Sabe-se lá o efeito de um exílio, ainda que voluntário, no psiquismo e nas emoções, mais ainda quando é o caso de quem se expõe em regulares confissões. Vai ter muito assunto novo pela frente, tédio nenhum, isso eu posso garantir.

Mas mesmo antes de partir os efeitos positivos já se fazem sentir, calma, gente, é tudo pessoal, coisas de família, nada tendo a ver com nenhuma ameaça real, como já foi o caso em outros momentos tristes do Brasil.

Alan, por exemplo, nem consegue mais manter seu obrigatório mau humor, se pega cantando sem quê nem por quê, e com chuveiro ou sem, vamos combinar, ele canta muito bem. Claro, depois de dez anos de sobrevivente do lado de baixo do continente, a estrangeira daqui para a frente sempre serei eu.

Ainda bem que não preciso tremer diante da imigração, pois para o bem e para o bem temos um casamento pra valer, que, como vocês se lembram muito bem, também começou no território da internet, e lá se vão dez anos de quase-idílio binacional. Já nos encaminhamos para a nossa quinta casa juntos, sexta, a que será construída, quem sabe a última até a partida, ah, é, é aí que a tremedeira começa.

Nem preciso rimar outra vez pra repetir que estou contente à beça, um tremendo alívio o Alan de volta a seu próprio país, onde existe lei, confiança nas instituições e um telefone para emergências — o famoso 911 divulgado pelo cinema, coisa que qualquer criança sabe— ou pelo menos assim espero, que tudo funcione como eu espero, digo. Pelo menos não vou mais precisar odiar a Oi.

Quanto à questão do lar, dizem que *"home is where your heart is"*, e aonde eu for levo meu coração comigo. No mais, a vida continua como sempre tem sido, isto é, aqui mesmo, no Facebook, entre amigos. Só que postando de Greenville.

E um bom domingo procês.

A IMPOSSÍVEL JORNADA DOS MIL CORTES[5]

Tudo leva tempo e o tempo leva tudo.

Pode alguém ficar deprimido em meio a um período de intensa felicidade?

A especialista no assunto Carmem Dametto, tenho certeza, conseguiria explicar, encontrar algum sentido sem fundo, vindo do fundo do meu parto de fórceps que sempre consegue me derrubar, não importa a real situação sempre serei capaz de emburacar, fazer uma lágrima aflorar e a minha pele se revoltar.

Alan não suporta, mas esta também sou eu.

Esta semana, vamos combinar, bem que tive os meus motivos. Uma amiga, de Facebook e de uma vida antiga, houve por bem me criticar quando eu disse que não sabia por que ainda me aporrinhava com as dificuldades do Brasil, e, como todo mundo, não aguento ser criticada. Afinal de contas, estou no Facebook só para ser festejada, embora esta mesma amiga tenha me alertado para o fato de que essa minha "sinceridade inusitada" me deixa vulnerável à perda de amigos e a um ataque ou outro. Que seja.

E ela não sabia da missa a metade, nem um quarto, já que

---

5 Segundo o Alan, "a jornada dos mil cortes" é uma conhecida tortura chinesa que vai cortando a vítima aos pouquinhos, até matar.

eu nada tinha compartilhado, e só para variar vou contar o milagre, mas o nome do santo não interessa a ninguém. Tratava-se da dor confessada — quem espera que no meu Facebook eu perca o meu tempo só para contar vantagem e exibir fotos de fofos animais domésticos estará numa roubada, pois não pratico nem um, nem outro, não sou dada à ilusão, minha bandeira é a verdade, já já explico — de ter perdido um amigo intelectual por cujo ataque eu não esperava, nem foi a mim, mas à política de Israel colocada num contexto totalmente desnecessário, ofensivo e maniqueísta, ah, tá bom, lá vem qualquer um dizer que "hoje em dia, todos têm o direito de criticar Israel sem ser taxado de antissemita, tenho muitos amigos judeus que adoro" e blablablá.

Só que não. Embora apoiada pela diplomacia oficial — eu tinha até optado por não tocar nesse assunto, mas há candidatos pregando no horário eleitoral a total destruição do Estado de Israel, está na moda, nossa mãe, ao que chegamos, um político de um país democrático pedindo a destruição de outro em depoimento legal, com o claro objetivo de com isso angariar votos —, essa posição "em favor dos desfavorecidos" não somente ataca uma boa parcela de sua população, e não falo dos judeus, mas dos que minimamente se mantém informados sobre a situação internacional, dos que entendem que esse apoio aos desvalidos coloca o Brasil no saco dos que praticam, ui, a decapitação, a execução em praça pública de seus próprios cidadãos, dos que orgulhosamente convidam a mídia global a visitar sua rede viciosa de infiltração terrorista com a intenção explícita de sequestrar civis e cobrar um resgate de bilhões, *tutti buona gente*, mas também o bom senso de uma sociedade em evolução. Ou não?

Não admira. Num país onde se conspira, onde a nata da administração se mostra dominada por um bando de criminosos — até "delação premiada" já está sendo cogitada, algo que eu antes acreditava ser somente prerrogativa de réus confessos e prontos a entregar algum crime certamente cometido (em geral por outrem), certeza de que um crime há, caso contrário o que haveria para delatar?

Voltando à amiga (provavelmente, depois disso, ex), ela me acusa em público, e com isso me fere, de haver declarado que o Brasil é um lixo. Não declarei, mas depois que ela disse, pensar bem que eu pensei: *o Brasil está um lixo*. O que estamos sendo obrigados a engolir em termos de absurdos prolixos e crimes oficiais inafiançáveis, porém afiançados em público, não está no gibi. Está em todos os jornais do país.

"Não é por isso que estou feliz de estar indo embora", eu reagi. Mas pensei: estou feliz de estar podendo ir, pois ninguém está suportando as impossibilidades que estamos tendo que digerir.

O Brasil é um belo país, tem um povo ótimo, mas, vamos combinar, para mim o Brasil nunca facilitou nada, desde o dia em que aqui cheguei com um ano e três meses de idade, brasileira de pai e mãe. Mamãe, aliás, de saudosa memória, sempre quis que eu me mandasse daqui. Mas eu neguei fogo, confesso, me ancorei, fiz de um tudo para me estabelecer naquele que eu quis que fosse o meu país. Papai não pôde contribuir muito. Morreu de acidente de carro, para quem não sabe, abalroado por um motorista bêbado na contramão da estrada, esmagado, e em meu primeiro conflito com a justiça perdemos a ação indenizatória porque, provavelmente, houve uma interferência corruptora, corrompida, redentora da grande empresa a que pertencia o caminhão. Outros descalabros nada legais se seguiriam, mas vou poupá-los dessa velha ladainha ressentida.

"Meu coração é brasileiro", escrevi com o coração na mão no processo em que buscava a cidadania que me era facultada por lei, e que mesmo assim me custou muito sangue, lágrimas, dinheiro e uma ameaça de passaporte amarelo. Mas minha mente negava. Minha mente, que nunca foi brasileira, reclamava, sentia-se globalizada. Por isso fui inovadora sem me deixar parar por nada, e tudo que tentei criar até hoje neste país mais cedo ou mais tarde deu com os burros n'água, não sem antes eu ter sido desqualificada como alguém que quer algo impossível, que no final não vai dar certo mesmo. Carta marcada. A KBR, espero, escapará, vem escapando a tal cruel destino (mas sempre no fio da navalha), principalmente por ter sido concebida na era conectada, então tanto faz onde estou lotada. Devo ter aprendido alguma coisa.

Estou com raiva, irritada?

"'Não queime suas pontes', disse Napoleão", e aquele amigo de Facebook me repetiu. Não estou queimando nada. Mas não esperem de mim algo com uma força menor do que uma confissão despejada, não estou aqui para agradar ninguém, nem para fazer o jogo da "apreciada", digo o que tenho que dizer, escrevo o que tenho que escrever.

Não estou saindo fugida do Brasil, ainda bem, nem escorraçada pelo indizível antissemitismo nem pelo meu radical antipetismo, ainda não. Terei tempo de sair com tranquilidade, porque quero e do jeito que quero (pelo menos quanto a isso existe a certeza da democracia), e anunciando a gregos e troianos que o faço para estar perto dos meus filhos e no país de meu marido, que por uma feliz coincidência — é, eu não creio em coincidências, *pero que las hay, las hay* — são os Estados Unidos, onde não espero me aposentar no paraíso. Não cultivo ilusões, lembram?

O mundo inteiro me parece perdido, mas planejo mesmo assim sugar mais um pouco, aproveitar o que puder tirar para fazer crescer as coisas que me movem, sem um constante atraso de vida para atrapalhar. Provavelmente, não vou conseguir.

Já estou muito velha para me dar bem em outro lugar, muito velha para "fazer américa" ou me deixar levar pelo pesadelo americano, não se preocupem. Estou muito velha para de repente vir a ser valorizada pelo que faço, para não sentir que estão sempre querendo me tirar um pedaço, sou histérica, neurótica, deprimida? Que seja.

Uma coisa boa de se estar perto do final de validade é um intenso sentimento de liberdade. Morrerei em breve. Não preciso mais agradar ninguém, nem ter medo de "passar por ridícula, absurda, de enrolar os pés publicamente nos tapetes das etiquetas, ser grotesca, mesquinha, submissa e arrogante". Tudo isso em breve estará distante. Voltarei a ser gota no mar de nadas a que o futuro nos destina, então para que esquentar a cabeça com algo que me amofina?

Sigo propagando a minha verdade. Nos últimos anos, digo, produzi de verdade, me descolei da massa ignara e ignóbil pela minha honestidade de pensamento. Quem foi trabalhado na minha cozinha sabe do que estou falando, terá percebido que é diferente lidar com quem sabe o que diz, o que faz, recebe um pagamento justo e cumpre o que promete, não mente e nem faz crescer o nariz que já é grande, só para variar.

Tenho a consciência tranquila, mas em certos momentos ainda sinto muito raiva mesmo. É o velho fórceps se fazendo ouvir, *oy vey iz mir*.

Pronto. Desabafei.

E um bom domingo procês.

Somos todos infiéis

Não sei vocês, mas neste último mês, que, felizmente, está terminando (como se o calendário fizesse alguma diferença), perdi muito tempo e energia lendo e depois combatendo o que tinha lido, tornei-me uma espécie de "militante do noticiário" contra a minha vontade, mas a favor da minha integridade. Afinal de contas, não posso deixar que digam por aí coisas tão afastadas da verdade e manipuladas para alterar a realidade.

O que é a verdade? Tá certo, ninguém sabe, mas algumas pessoas sabem mais, enquanto outras ouvem o galo cantar mas não sabem onde, ou resolvem cantar de galo com base numa lógica maniqueísta e sem sentido ou ainda fazem suas as palavras de outrem, propagando o mal que com elas vem.

Ninguém sabe mais o que é mal ou bem. Mas não quero me perder em coisas que não me dizem respeito diretamente, pois só aquilo que me é caro ao peito já é demais para se lidar, vamos combinar.

Esta semana, por exemplo — ou teria sido na semana passada, sei lá, a intensidade é tanta e tão veloz que é fácil perder-se a noção do tempo —, foi finalmente declarada uma trégua no Oriente Médio patrocinada pelo Egito, e isso foi o bastante para acrescentar mais lenha ao conflito, aos conflitos da mídia, digo.

Desde que começou essa guerra infeliz tenho chamado a

atenção para o poder das palavras e sua cotidiana manipulação, é, quem não tem conhecimento de casa, o que é o caso de quase todo mundo, tem sido manobrado que nem aqueles fantoches dependurados, só que com qual interesse, não sei. A mídia, ao que parece, quer se tornar cada vez mais extremista para vender notícia, vender nem sei mais como e nem o quê, se tudo se espalha sem que a gente perceba como nem por quê.

Vai daí que depois de passar uns (30? 50?) dias condenando Israel não seria possível virar a casaca da noite para o dia, não é mesmo? Então foi preciso arrumar um jeito de não acreditar no que os nossos olhos viam: depois de terem sofrido "massacres", "genocídios", "destruição em massa", os palestinos em Gaza estavam nas ruas cantando vitória! Como podia ser? Afinal, eram vítimas ou o quê?

Antes de explicar o que há por trás queria comentar a estranheza que me causaram as manchetes internacionais, todas unânimes em informar que "havia sido atingido um cessar-fogo entre Hamas e Israel", o que seria quase a mesma coisa, descontado o exagero da comparação, que declarar que o "Comando Vermelho havia feito um acordo de paz com o Uruguai" ou coisa parecida, pois é: Israel, para quem não sabe, é um país reconhecido pela ONU, com um governo democrático, um parlamento, relações diplomáticas internacionais e uma radical liberdade garantida a seus cidadãos por força de lei — nem vou entrar naquele mérito dos Nobéis, nem da tecnologia por trás de quase toda a tecnologia que existe no mundo, nada disso, falemos dos dedos, não dos anéis —; já o Hamas seria, no máximo, um partido "político", o que não é, nada mais é que uma facção terrorista radical que se aboletou no poder nacional para espalhar o terror na Faixa de Gaza entre seus próprios conterrâneos acachapados.

Gaza, por sinal, tampouco é um país, mas uma facção dissidente da Autoridade Palestina, esta sim um país oficial que tem dois nacos com Israel no meio, um sanduíche maldito do qual somos o recheio.

Circulou esta semana pela internet um vídeo bastante informativo demonstrando que Israel não ocupa a Faixa de

Gaza, não, senhor, muito antes pelo contrário, devolveu Gaza aos palestinos em 2005, e em seguida, em 2007, "essa fatia do pão" foi ocupada novamente, desta vez através do "voto" que colocou o Hamas no poder.

Tá certo. Historicamente, é um furdunço complicado. A geopolítica do Oriente Médio não é, nem nunca foi para "amadores", e ultimamente está mais violenta e perigosa, não só para os povos locais, mas também para o resto do mundo. Ao escolher um "lado", todo cuidado é pouco: você pode sem querer estar optando contra tudo aquilo em que acredita, pior, embora esteja longe dessa armadilha xiita, ou sunita, ou sei lá o quê, ela pode vir pegar você.

Então voltando, embora pareça absurdo e contrário aos ditames da razão, o Hamas estava *realmente* comemorando sua vitória esta semana. Com a nossa anuência — nós, nesse caso, espectadores do show da guerra, consumidores da mídia e suas verdades parciais —, declarou-se vitorioso na guerra que ganhou mesmo, sem a menor sombra de dúvida, a que realmente trava neste e em todos os momentos: a guerra da opinião pública. Mortes? Destruição? Não estão nem aí. Chegam a provocá--las para fortalecer sua imagem de oprimidos, quando são na verdade os opressores, os soldados do terror, ah, é, soldados, não. Não existe um "exército de Gaza". Em Gaza existem apenas civis, involuntária massa de manobra em meio a objetivos vis, jogados como alvo de mísseis e da solidariedade dos que não querem ser omissos, mas se mantêm a salvo do choque da realidade, que de "romântica e idealista" não tem nada. É só crueldade e mais nada.

Outro aspecto que vejo escapando à sanha solidária que tem contaminado o nosso juízo mental é o fato de que, apesar de não serem visível ou formalmente ligados, Hamas e ISIS "compartilham os mesmos ideais", entre eles o Califado fatal, esse que está por aí fuzilando inocentes por atacado e provocando pesadelos nos que pretendem para o nosso mundo um futuro de convivência pacífica. Esqueçam. Não vai rolar. Mas as cabeças, sim. Com certeza.

Enquanto a coisa estava apenas no corriqueiro antissemitismo, esse monstro de racismo que está sempre oscilando entre o ativismo e o ostracismo, ah, imaginem, "não se trata de antissemitismo, mas de revolta contra um governo de extrema-direita, cruel e abusivo", então tá bom, todo mundo levando no idealismo, mas agora está mudando, quer dizer, foi sempre assim, mas sem a distração dos mísseis explodindo fica mais claro que "assim" é esse, e os cristãos do mundo estão percebendo que a cruz armada é para eles também.

Então, somos todos infiéis, irmãos contra o Grande Islã, estão entendendo?

Qual é a solução eu não sei, nem se solução haverá. Por enquanto, a onda do mal está crescendo, e com a nossa permissão há de se perpetuar. A única saída é perceber o que estão combatendo: a nossa liberdade, o nosso mundo sem maldade.

E um bom domingo procês.

TRUTA AMARELA, OU LETÍCIA, A BELA

Para Clara Colotto.

No Hortomercado de Itaipava, Alan reclama da cor meio suspeita da truta que estou comprando.

— É que o lago está baixo — diz o João truteiro. — Muita seca neste inverno.

Deixa eu explicar que aqui em Itaipava, quase como em Brasília (aqui nunca é um inferno), existe efetivamente uma seca em todo inverno, mas...

— Uai, João, não estou achando este ano tão seco, não, tem chovido vários dias...

— É porque a senhora está em Correias, no Rocio é diferente!

O Rocio é a uns 8 km daqui. Desconfio que algo que está errado, ah, já faz muito tempo que eu desconfio que algo anda errado.

Já vou logo alertando que, ao contrário da crônica passada, esta aqui não tem a ver com conhecimento da realidade, histórico, nada — a não ser, eu juro, os diálogos citados —, mas com algo bastante aleatório que vem me afligindo por estes dias e que não posso definir, mas posso sentir, que me aperta a garganta e me deixa ansiosa, certa de que algo grave está por vir.

Ontem mesmo tive uma conversa arrepiante com um grande empresário aí que é meu amigo íntimo, a quem posso fazer esse tipo de pergunta, dá uma olhada:

— Assim que o PT sair do poder, outros podres vão começar a estourar. A Petrobras está falida, a gasolina terá que subir 50%. O sistema de energia elétrica está quebrado, a conta de luz vai ter que subir 50%. Vamos ter aí um caos de um ano pelo menos, mas vai ter que ser assim, tá todo mundo aceitando.

— E isso de a Marina ser eleita, o que você está achando?

— Bem, temos que aceitar. A gente não pode fazer nada. O quadro já está definido. O que não podemos é deixar o PT prosseguir com seu vandalismo, eles têm que sair de qualquer maneira, se for com Marina, que seja. Seja quem for que estiver no poder será culpabilizado pelo PT por tudo de ruim que irá acontecer, digamos, dirão que Marina em menos de 30 dias quebrou o país, destruiu o sistema elétrico.

— E o seu dinheiro, como está?

— Está todo investido no banco, tudo certinho como manda o figurino.

— Não vai comprar umas barras de ouro, pelo menos?

— Não, vou deixar assim mesmo.

— E se fizerem alguma coisa maluca, como o Collor fez?

— Depois passa.

Pergunto a ele sobre a passividade de Aécio, por que ele teria desistido antes do tempo, e recebo a mesma resposta: está tudo resolvido, ele não pode fazer nada.

Desligo o telefone e me sinto terrivelmente deprimida. Meu amigo empresário não é o único que está pensando assim, tenho outros amigos não tão ricos nem tão importantes mas também bastante inteligentes que estão pensando da mesma maneira. Estão todos conformados, com um inusitado e inexplicável "espírito de manada".

Parece que o Brasil inteiro está sendo dominado, está embriagado com algum tipo de droga mental, exagero na comparação, como estava a Alemanha inteira à época da ascensão

de Hitler ao poder. Todos aceitam e acreditam em coisas absurdas, totalmente inaceitáveis, uma espécie de delírio coletivo ge-
rado por uma propaganda tão bem engendrada que a gente não
consegue perceber, não consegue enxergar um palmo adiante
do nariz, perdidos numa névoa de drogados.

Curiosamente, faz parte dessa lavagem cerebral um crescente antissemitismo até nos lugares mais absurdos, imaginem
que esta semana a Fundação Bienal de São Paulo DEVOLVEU
dinheiro de patrocínio a Israel, não, Hitler nada tem a ver com
isso. Mas escuto de uma amiga muito culta e sofisticada a história de Alice Miller, uma escritora e pesquisadora suíça especializada em abuso infantil, que morreu há pouco e teve que ser
enterrada às escondidas por ter descoberto e publicado que o
avô de Hitler era judeu, imaginem, toda aquela desgraceira que
dura até hoje, tanta gente acreditando piamente no "mito do
judeu errante", porque um judeu safado estuprou sua emprega-
da e a engravidou de um bastardo, isso, Hitler não passava de
um judeuzinho bastardo cheio de ódio apoiado por forças des-
conhecidas, digo, não divulgadas, que exploravam a sua raiva,
matem-me se quiserem, quem seria no Brasil de hoje o bastar-
dinho revoltado?

Caramba, até aquela besteira há séculos desmentida de
"Protocolos de Sião" está sendo infiltrada na realidade drogada
dos brasileiros em manada. E todo mundo aceitando, acreditando que não pode fazer mais nada. Marina, de quem não gosto e
em quem não votarei, foi acusada num artigo de ser emissária
do "sionismo", bancada por George Soros, podem acreditar, pois
a maioria já está acreditando, assim como acreditam na seca
que está nos matando, ops, matando as trutas do Rocio, tudo
em nome não sei de quê que deveria estar avacalhando sem remédio a vida na terra, fechando os nossos olhos para tudo o que
há de bom e que não inclui um governo Marina no Brasil.

Gente de bem, do meu nível de elite —ah, vocês perce-
beram, digo isso a sério, não com a jocosidade lulopetista "de
zelite", sou de elite mesmo, nasci numa boa família, fui educada
nos melhores colégios e faculdade, viajei, falo inglês corrente-
mente e tenho uma cultura acima da média, além de ganhar

dinheiro suficiente para ter uma vida confortável, sem exageros nem gastos dementes, VW velhinho etc. —, está aceitando como um ponto positivo, deletério jogo do contente, o fato de se "preservar Aécio para daqui a 4 anos, quando Marina tiver esgotado sua incapacidade de dominar o caos que virá". Mas eu não consigo.

Tenho 62 anos, 60 e meio dos quais vividos num Brasil que embora a ele eu tenha com insistência me dedicado nunca me proporcionou uma sensação de confiança no meu país, tantos absurdos tive que presenciar e aceitar, desde ditaduras e suas terríveis torturas a planos econômicos dementes, moedas delinquentes e sabe-se lá quantas empregadinhas estupradas gerando poderes impensados e inconsequentes com toda a sua carga de raiva reprimida a um ponto indecente, bons psicanalistas saberiam explicar isso, não fosse a Psicanálise uma desprezível invenção de judeu que todos devêssemos boicotar.

Não tenho mais quatro anos para aventuras e desacertos, meus amigos, a bem dizer não tenho mais nem quatro semanas de Brasil para me deprimir. Mas mantenho aqui meu negócio adorado que é boa parte da minha vida, família e amigos que ou não me escutam quando digo que aí tem truta ou apesar de me ouvirem nada podem fazer, ou imaginam que assim é.

O próprio Aécio Neves, que pessoalmente não conheço, mas com quem simpatizo — agora um pouco menos porque sei que usou botox para conquistar eleitores, quando lhe bastava convencer a todos de que tentará livrá-los de seus temores —, parece ter desistido antes do tempo, entregado a partida aos bandidos antes de ter começado o verdadeiro evento, não faça isso, Aécio!

Cada cabeça uma sentença, sei lá o que Aécio estará pensando, com seus gêmeos recém-nascidos prematuros para se preocupar. Ok. Deveria explorar suas benesses e dramas domésticos para nos aliciar, sua Letícia bela que a gente nunca vê participar de nenhum palanque, afinal de contas, não está todo mundo apelando para o que tem de mais grave e impactante? Por que devemos ser inundados com imagens de gente feia quando há alguma beleza para ser apreciada? Será parte da trama?

Ok, digam que enlouqueci, se quiserem, que minha teoria da conspiração é tudo que eles querem para provar seu ponto, mas que aí tem truta, repito, tem. Ainda bem que por enquanto só a truta é que é amarela.

E um bom domingo procês.

Apocalipse ontem

Dedicada a todos aqueles que acham que tudo vale nada, tudo se resolve e nada vale o incômodo.

Acordo sobressaltada e leio pelo celular no Facebook de uma amiga, que mora em Nova York, que a "MSNBC estava mostrando o ataque em tempo real na TV da academia onde ela corria".

Meu deus, gritei por dentro (para não acordar o Alan, que depois de passar a noite em claro, esperando a mais recente vingança pelo 11 de setembro pós-discurso-de-Obama, acabara adormecendo), será que a guerra começou mesmo? Me arrepiei, pois foi exatamente assim que vi ao vivo o ataque às Torres Gêmeas em 2001: pela TV da academia. Pois é. Me confundi com o "tempo real" da minha amiga como muita gente vem se confundindo com tanta coisa ultimamente, real ou não.

Vamos combinar, a pior coisa que aconteceu recentemente ao Brasil foi não ter havido uma hecatombe durante a Copa do Mundo, desabar a arquibancada da Arena Corinthians, por exemplo (se eu tiver esquecido o nome popular do estádio da abertura, me perdoem, já apaguei a Copa da minha mente), ou a presidente Dilma ter sido assassinada em pleno jogo com o mundo inteiro por testemunha, toc toc toc.

Só assim teríamos acordado. Ao invés disso, provou-se novamente aquele velho adágio brasileiro de que "não importa o que a gente faça, tudo dá certo no final". Deu certo na Copa, que estava aquele caos, por que não daria certo nas eleições? E vamos que vamos, gente esclarecida e inteligente, relaxada, pouco ligando.

Uma conhecida e popularíssima colunista d'*O Globo* declarou em sua crônica que gostaria de viajar e só voltar depois das eleições. Um amigo, que como eu é das antigas, declarou fazendo graça no Facebook que a gente não deve esquentar a cabeça com nada disso, "é melhor assistir ao futebol, deixa que o Brasil sobrevive, conheci Getúlio, Jango, Jânio, JK, Collor, Itamar, FHC, Lula e Dilma...", misturando ovos e tomates no mesmo cesto sem a menor cerimônia ou preocupação.

Tá certo. Uma autora da KBR comenta no Face que eu "me aflijo à toa", no caso dela nada a ver com as eleições no Brasil, mas com o atraso na entrega de alguns livros que me deixou superconstrangida. É isso, como sou careta e responsável além da conta, costumo me preocupar com o resultado das coisas que contam, o meu trabalho, por exemplo. E nesse caso das eleições, como estou aflitíssima, assumi a candidatura Aécio como o "meu trabalho", embora por óbvio ele não me dê a menor pelota. Melhor assim, a boca é minha e não recebo propina de ninguém, nem sequer um mísero pagamento pelas minhas crônicas semanais. E é melhor enfatizar, não estou obrigando ninguém a nada, a escolher nada se assim não quiser, embora o voto seja por lei obrigatório — momento informação cívica: a multa por não votar é de apenas R$5. Só não acho que a coisa esteja para brincadeira, e muito menos para a nossa proverbial pasmaceira.

Imaginem que até Joseph Goebbels (*phfpt, bleargh*) foi invocado no fim de semana por certo vice da "oposição", nem eu teria chegado tão longe, confesso, mesmo com o antissemitismo latente que anda me amedrontando e em certo momento recente caracterizou o nosso governo. Achei demais da conta.

Alan já está de saco cheio de me ver chorando pelos cantos, pensa que é por causa do trabalho, da agonia do autoexílio se aproximando ou porque ele tem andando ansioso com as questões do nosso futuro, gritando por cada mínima coisa e me angustiando o dia inteiro. Mas lá no fundinho de sua "gestalt" percebe mais ou menos o que está se passando:

— Se você adora tanto este país (o "de merda" ele pensa, mas não diz, para não parecer um gringo filho da puta e ressentido cuspindo no prato em que comeu, muito bem, por sinal, por quase 10 anos), por que não fica aqui? A gente se divorcia, divide o dinheiro da casa, vou embora e pronto, nunca mais você me vê.

Nem morta, deus me livre, ah, é, não acredito em deus.

Uma coisa que o Alan sempre repetia quando a gente namorava na internet era que eu não precisava "pôr fogo ao Brasil por causa disso", bem, é, tenho antecedentes, "telhado de vidro", como disse a Dilma. Além do mais, o Brasil não está precisando de mim para pôr fogo a si mesmo, a inércia do povo e a inépcia dos políticos vai dando conta disso mais rápido que incêndio no morro por causa da seca de inverno. Pobre Brasil.

À boca pequena aqui em casa tenho chamado Marina de "Obaminha", e pra não deixar nenhuma dúvida quanto aos meus motivos vou logo dizendo por quê: em 2008, Obama foi a minha derradeira aposta nos "sonhos de menina", Nova Era, amor, paz na Terra, essas coisas. Depois, foi o que se viu: levou o Nobel sem fazer nadinha e hoje está até o pescoço lidando com a pior cepa de terroristas jamais enfrentada, que Osama, que nada. Marina, é claro, mesmo se for eleita presidente do Brasil não estará com essa bola toda: para ameaçar o futuro da humanidade por isolamento e incompetência, só mesmo vendendo a Floresta Amazônica para os chineses, ui, com o perdão do exagero desta cronista, mas, francamente, essa Marina que estão nos empurrando nem dá margem a muitas ilusões, pois mente demais da conta e fica muito fácil desvendar suas mentiras, é uma invenção da mídia esta Marina que está aí na sua telinha — assim como era Obama, Alan na época bem que tentou me convencer.

Agora, cá entre nós, devo confessar, esta será uma crônica partida: entre o começo e o fim do texto minha disposição de espírito mudou completamente, fazer o quê. Talvez por isso ela acabe tendo uma incongruência intrínseca e irônica em que editor nenhum poderia dar jeito: enquanto eu ia armando o meu circo eleitoral literário tocou o telefone, e foi finalmente marcada para amanhã a escritura de venda da nossa casa. Meu "dane-se" já agendado começou, sem que eu pudesse controlar, a se adiantar na minha psique nacionalista — "eternamente no berço esplêndido" que até hoje conseguiu me ancorar direitinho... *et voilà*, na hora agá, estou indo, vou deixando para trás o país do jeitinho.

Pois é, me desculpem, minha "liberação moral" estava marcada para o domingo, dia 5 de outubro, mas, pelo visto, não vai querer esperar tanto, e devo a partir de hoje mudar de assunto: estou partindo para uma nova vida e tenho muito mais com que me preocupar, no fundo no fundo a única coisa que importa é a vida privada de cada um, sabem como é.

Em tempo, melhor explicar tudo bem explicadinho: meu desabafo não é para vocês, amigos que eu adoro e que sempre me escutam, me fazem crescer e nunca ficam putos, nem muito menos para a terra onde (não) nasci , onde escutei incontáveis sabiás e curti os bosques, várzeas, flores, o pacote todo — ainda não dá pra saber se vou morrer sem voltar para cá, se é que vocês me entendem —, mas para essa gente mesquinha que fez de um tudo para acabar com o nosso país e acabou quase conseguindo, caramba, como é difícil ser sincera e ainda agradar a todo mundo.

Depois que eu me for, a História certamente se encarregará desses desgraçados, e não passarão de uma nota mal traçada nos nossos livros "de uso obrigatório", sorte deles que as traças não comem os blogs nem muito menos as edições digitais, ou não lhes sobraria nenhuma posteridade, vamos combinar.

E um bom domingo procês.

PT, SAUDAÇÕES

Para o Beto Lansky, de quem me lembro muito bem.

Há coisa de um dias ou dois me deparei com um post no Facebook de um amigo americano: "Alguém aí sabe alguma coisa sobre o IPO do Alibaba?"

Fala sério. Na minha cabeça, que quando se trata de saber o que os outros estão sabendo, ou pensando, ou entendendo, infalivelmente se equivoca, evoca um desconhecimento abstrato, não existe ninguém neste mundão de gente "conectada" que desconheça a famosa e tão recontada história das *1001 Noites*, "Ali Babá e os quarenta ladrões", principalmente no Brasil, é claro.

Pois também desta vez eu estava enganada. Alan me informa que a leitura obrigatória do clássico persa foi substituída pela Disneylândia há mais de 40 anos, e pelo que se tem visto no mundo, ele não está errado. Já o brilhante empresário chinês cujo nome não sei, e é melhor não saber para não ser processada, tenho certeza de que está muito bem-informado, tendo escolhido a dedo o nome do seu "império" conectado, agora também multibilionário (tornou-se esta semana, graças a Wall Street, uma "parede" como o próprio nome diz, o "segundo homem mais rico da Ásia") e rindo por todos os buracos de seu rosto desdenhoso, hilário. E até bem simpático, uma característica indispensável para os... deixa pra lá. Menos no Brasil, é claro.

Taí: enquanto todo mundo se distrai com a epidemia de Ebola e as decapitações de americanos no "Estado Islâmico", que, aliás, não nos dá a menor bola, os chineses acabam não só de invadir, mas de comprar a América pelo seu calcanhar de Aquiles: a febre de consumo. Ah, é, ninguém mais sabe o que é "calcanhar de Aquiles"! Vão pensar que é algum produto novo à venda no Alibaba!

Mas agora, falando sério, tem uma coisa que aprendi quando era menina, pois é, naquele tempo em que a gente ainda aprendia muita coisa: se alguma coisa parece suspeita, é porque é!

"Você compraria ações de Ali Babá?", perguntei, desta vez no meu próprio Facebook. E um amigo de infância, meu colega da escola primária em Belo Horizonte, prontamente respondeu: "Por que não? Eu comprei ações da Petrobras!" *Touché*.

Voltando aos sinais, quando eu "era" xamã, aprendi que tudo que a gente via na rua era sinal de alguma outra coisa certamente mais profunda e importante, bastava "aprender a ler" os tais sinais. E como tudo o mais que eu aprendi na minha longa, eclética e movimentada vida, isso também é verdade, vejam, por exemplo, a Petrobras, com aquele olho esquisito de seu leva-e-trás. Francamente, essa nem Harry Potter deixaria passar.

Claro que muita gente vai reclamar, dizer que sou uma pessoa horrível, impiedosa e preconceituosa, não ligo, tô nem aí. Se com toda a feiura de que não tem culpa o sujeito fosse uma doce criatura, eu obviamente não estaria escrevendo nada disso; ou se os chineses, outro exemplo, nunca houvessem envenenado pasta de dente e brinquedo de criança, ou falsificado por tantos anos tudo o que aparecia no universo operacional, eu jamais difamaria sem prova jurídica o seu novo herói nacional.

Isso, pra nem mencionar aquele mais recentemente divulgado "consultor financeiro do PT", Cláudio Mente, não, gente, é o nome dele de verdade — como disse aquele mesmo colega primário, digo, da escola primária, o Brasil é o país da piada pronta! E também nisso a nossa imprensa é imbatível, embora seus trâmites investigativos aborreçam a nossa presidenta, em breve ex.

O que me leva ao outro tópico desta crônica, que era para ser doce, não tonta: o proverbial bom humor e "olho vivo" do brasileiro querido. Pois é, depois de velha dei para escrever crônicas "divididas", reparem não, é a aflição da partida, ou se quiserem, do "autoexílio", coisa que está se tornando comum, imaginem que outra amiga, desta vez colega da faculdade, me confidenciou que está de mudança para a Austrália! Está generalizada a bandalha, digo, a debandada. Percebam que envolve apenas a geração passada, daqueles entre nós que eram obrigados, coitados, a ler e aprender tantas coisas chatas e ultrapassadas, como as clássicas *1001 noites*, por exemplo. Nem vou mencionar a sugerida edição de "James Joyce para crianças", que absurdo, nossa mãe.

Como todo mundo ainda não sabe e já cansei de não contar, Alan e eu vamos nos mudar no dia 3 de outubro para os Estados Unidos, pois é, desta vez tô indo mesmo, não é factoide, minha gente, meus caros amigos. Já compramos a passagem. E como acontece quando morre alguém querido, não dou um mês para ter esquecido todos os pruridos, a roubalheira, o ódio à Oi e ao PT e a não sei mais o quê que me obrigava a reclamar por histéricas horas no telefone, e mais ainda os ícones deste governo diariamente derrubados, tão óbvios que chegam a ser caricatos, "o Chico sabe".

A gente nem consegue acreditar de tão na cara que tudo está, sempre esteve, vamos combinar. Só não acreditamos porque era coisa demais em que se acreditar, e a mente se recusa, teimosa feito uma mula empacada, a se entregar.

Pois na minha memória da "pátria amada adorada", do meu "solo mãe", tenho certeza, restará apenas a doçura do brasileiro, a boa índole, a honestidade da nossa gente incomum, deste povo que, como me contou no outro dia o novo proprietário da nossa casa, ele mesmo uma doce e empolgada pessoa, faz a gente ir às lágrimas com seu empenho em crescer, melhorar, se o governo não atrapalhar, é claro.

E é só o que o governo tem feito, desculpem, mas o malfeito ainda não morreu por isso posso deplorar, espero que o matemos sem dó nem piedade daqui a apenas dois domingos.

Quanto ao mais recente "escândalo" do IBGE, sei muito bem o que dizer antes que a minha boca seja para sempre silenciada, ou morando no bem-bom do exterior eu não me interesse em criticar mais nada, do que duvido muito. De duas, uma: ou a petralhada meteu a colher autoritária para se beneficiar, ou como, no final das contas, a correção não os beneficiou em nada, é a outra coisa que ainda não comentei.

Imaginem que na sexta passada eu estava no Horto de Itaipava tomando uma cerveja com uma amiga e colega de infortúnio, digo, de profissão, quando ela comentou comigo o que significava na verdade, no papel, no vamovê, o tão falado "aparelhamento do PT". Pois me contou que eles invadiram as universidades, as posições de destaque, os cargos não só de confiança, mas também de mérito e conhecimento, com demanda de perseverança, e neles fizeram a maior lambança, rima maldita — categoria em que penso que também se encaixe o IBGE. Sua presidente, confrontada ao vexame — o *timing* foi perfeito, vamos combinar — se diz "desconfortável" com o erro, como tantos expostos neste país. Se fosse no Japão, haveria uma onda interminável de haraquiris (não é um drinque com cachaça), lá não tem essa de "acabar em pizza" como tem por aqui. Por outro lado, também não conhecemos a fundo o humor japonês, não é mesmo? Só aqueles loucos HQs.

Era hora de ir. Levantei-me da mesa e não tinha dinheiro pra pagar a conta. Minha amiga me disse que fazia questão, mas eu fazia também, de convidá-la para aquela mísera cerveja, digo. Fui até a delicatessen onde compro tantas delícias e sou amiga do rei, digo, de algumas das pessoas mais dedicadas que conheci aqui, peguei uma grana emprestada que adicionei à minha conta — pendurada, mas sempre pontualmente depositada — e voltei ao boteco para saldar a minha dívida, sob o olhar espantado da minha amiga, vocês me entendem, ela é novata nas regras do paraíso de Itaipava.

É desse Brasil que terei saudades, pois na América tenho certeza de que os relacionamentos que criarei não hão de ter essa franqueza, essa graça, essa intimidade espontânea, essa malemolência que é coisa só nossa, com ou sem o odiado PT, saudações.

E um bom domingo procês.

Pacto sinistro

Diz o dito popular que "há males que vêm para o bem", mas na vida real, isto é, na minha vida real que já é bem longa, nunca vi isso acontecer. Verdade que num horizonte infinito de tempo tudo pode acabar acontecendo, até um macaco, dizem, batucando num teclado aleatoriamente, pode vir a escrever uma obra tão incrível quanto a de Shakespeare, ou, sob outro ponto de vista, coisas terríveis que nos acontecem podem vir a fazer sentido se observadas no contexto de um passado extenso, um truque do cérebro para garantir que um humano sobreviva intacto a uma dor inominável, como, digamos, um holocausto que dizimou toda a sua família. Eu, por exemplo, se não tivesse aos 20 anos perdido meu pai tragicamente num acidente de carro, terminaria não conhecendo o Alan nem me tornando escritora nem me mudando esta semana para os Estados Unidos enquanto o Brasil voluntariamente se enfia no buraco, ui, arrepio.

Mas é claro que minha crônica de hoje não é sobre isso. Faz algum tempo, críticos ferrenhos da obra literária de Paulo Coelho, entre os quais, aliás, me incluo, costumavam dizer que seu inexplicável sucesso se devia a um pacto com o diabo feito há muito tempo, ainda na época da parceria "maldita" com Raul Seixas (claro que não me incluo nessa segunda parte, não acredito em maldições, nem em bruxarias, nem em olho gordo, mas deveria, não é mesmo, uma espécie de "proteção" contra a provável desgraça deflagrada pela inveja ou outra bobagem do tipo). Só não sei o que PC teria dado em troca, porque que eu saiba quando o diabo veio cobrar sua parte não havia nenhuma filha atrás do moinho para ser abduzida, sorte dele, teria sido o preço do acordo a vida do saudoso Raulzito?

Mas é claro que a crônica de hoje tampouco é sobre isso, só estou procurando uma maneira lógica, ou qualquer outra coisa que se aproxime de alguma lógica, de conseguir entender o que está se passando em nosso país na reta final desta tétrica temporada eleitoral cujo acento sinistro ocorreu na "destruição pelo fogo" de certo avião, que não era de carreira — uma profecia apocalíptica clássica. Raciocinem comigo: nos últimos dois, três anos, sei lá, nos vimos afogados por uma onda de lama que em vez de amansar com tantas e tão terríveis revelações, só faz aumentar, e mesmo assim, a candidata da lamentável situação tem crescido nas pesquisas e com boa probabilidade será reeleita para mais um ciclo de vexames e absurdos, todos com consequências gravíssimas para todos os cidadãos, estejam cientes ou não, pois o Brasil, que não faz muito tempo chegou a ser considerado um país bacana, charmoso, promissor, agora está novamente relegado à categoria de república de bananas, onde os bananas somos nós, é claro, que nem tirar do poder pela via democrática uma corja de bandidos estamos conseguindo.

"Bananas" é o mínimo, meus compatriotas e amigos. Pior que isso, estamos correndo o risco de sermos colocados no mesmo perigoso saco não só com ditadores e facínoras da pior espécie, mas também com terroristas assassinos e cortadores de cabeças, e não se trata de uma ficção sobre a "noiva de Chucky", garanto que não, são cabeças humanas, gente de verdade mesmo. Obviamente uma opção de gente cujas cabeças não podem ser categorizadas como "pensantes".

Pois voltando à premissa inicial, a única explicação para isso parece ser meio ilusória, demencial, algo tão anormal quanto um "pacto com o demo". O que teria dado em troca o PT? Não creio que tenha sido o falecido precursor de Marina Silva, acho que não, isso seria muito pouco para o poder em questão, menos que uma macieira frondosa. Mais provável é que atrás do moinho estejamos todos, todo o povo brasileiro, que sem saber se vendeu como galinha cega caída no atoleiro, sem a piedade de nenhum carroceiro. Pobre povo brasileiro. No qual me incluo, de corpo presente pelo menos até a próxima sexta-feira.

Deveríamos pensar sobre isso seriamente. Num país reconhecido globalmente como democrático e agraciado com eleições livres, fica meio estranho, digo, quando visto por um estranho, acreditar que sua presidente não o represente, então somos todos nós discursando na ONU, todos nós envolvidos num tipo qualquer de pacto sinistro, todos nós ladrões, corruptos, abjetos, embora não sobre para nós nenhum centavo desses conchavos pseudocapitalistas que tanto têm nos envergonhado, o telhado de vidro é nosso, e sobre nós a lama respingará, ainda que façamos de tudo para negar. Cada bandido envolvido na roubalheira reinante é nosso vizinho, nosso parente, corolário indesejado de nossa vontade leniente, da minha não, eu, hein.

Mas tem algo bom vindo aí pela frente: esta, por exemplo, é minha última crônica em que protesto, porque depois dela, nada havendo de minha parte capaz de alterar pelos próximos quatro anos o rumo dos acontecimentos, a eles me integrarei com boa vontade, e tendo sobrado um pouco de sanidade estarei satisfeita num futuro próximo, vendo, ainda que de longe, um Brasil onde, certamente, tendo imperado, certa feita, um mal indecente, tudo terá chegado a bom termo, tendo sido o veneno purgado pelo tempo. Fiquem bem.

Esta também é uma crônica de despedida, despedida real, porque em nosso conectado mundo virtual a gente não se despede nunca, e nem precisa. Da próxima vez em que estiver escrevendo estarei no outro lado do mundo.

Quanto aos que ficam, peço que reflitam, esta semana principalmente. A decisão é nossa, boa gente.

Adeus, até logo, *au revoir*. Tiro uns dias de folga, mas logo estarei no batente, tendo deixado de lado, *I hope*, o meu lado reativo, "combatente".

E um bom domingo procês! Em meados de outubro eu volto! Oxalá bem mais contente!